PARTNER

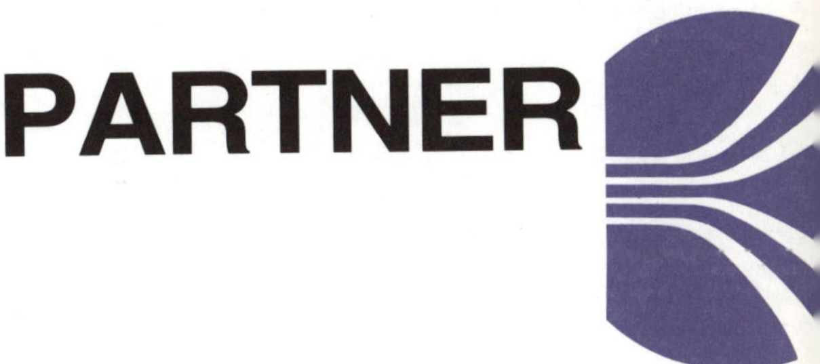

머리말

"러시아 여행도 국내 여행처럼 편안하게!"

이것이 우리가 추구하는 바입니다.

이제는 세계 어느 곳이나 국내 여행 정도의 가벼운 마음으로 떠날 수 있는 시대입니다. 미지의 땅 러시아에서 낯선 사람을 만나고 새로운 풍경, 문화, 풍속을 접하면서 가벼운 회화 한두 마디쯤은 할 수 있어야 하겠죠.

해외 여행은 언어 소통이 원활하지 못하면 유익하고 즐거운 경험을 얻기도 전에 여러 가지 불편과 마주치게 됩니다. 가장 기초적인 회화정도라도 할 수 있으면 여행은 한층 즐거워질 것입니다.

이 책은 러시아어를 전혀 모르는 사람의 러시아 여행을 돕기 위해 만들어진 책입니다. 단체 여행이나 가이드를 따라 다니는 일률적인 여행에서 벗어나 자신만의 체험을 만들고 싶은 분께 도움이 되리라 생각합니다. 문장은 가능한 짧으면서도 뜻이 통할 수 있도록 꾸며졌으며 러시아어 발음을 원음에 가깝게 우리 글로 표기하였습니다.

러시아는 현재 정치, 경제적인 어려움으로 고난을 겪고 있지만, 문화적으로 무궁무진한 잠재력을 가지고 있는 나라입니다. 러시아 곳곳에서 오래도록 살아 숨쉬고 있는 러시아의 역사와 문화를 느껴보시기 바랍니다.

저자 씀

CONTENTS

❸ 교통

❹ 숙박

❺ 식사

♠ 메뉴 읽는 법

❻ 쇼핑

♠ 면세점 물품

❼ 관광

❽ 여흥

♠ 러시아의 명소들 166

❾ 전화

♠ 신체 174

❿ 긴급사태

⓫ 귀국

● 부록

♠ 여행자메모 222

ДОПОЛНИТЕЛЬНЫЕ СВЕ ДЕНИЯ

알아둡시다

해외 여행을 가고자 하는 국가에 대한 일반적인 정보를 알아보고 여행 목적에 알맞게 계획을 수립해야 보람있고 여유 있는 여행을 즐길 수 있다.

☯ 여권 — Паспорт

외국을 여행하는 사람의 신분과 국적을 증명하는 서류로 외무부 여권과나 서울의 종로, 서초, 영등포, 노원, 강남, 동대문 구청과 각 지방의 시청, 도청에서 발급 받는다.

일반·외교관·관용여권·으로 구분된다. 일반여권은 복수여권·다수여권·거주여권으로 나뉘며 일반 관광객은 유효기간 5년의 일반 복수여권을 발급받도록 한다.

☯ 비자 — Виза

여행하고자 하는 상대국에서 입국 허가를 공식적인 문서로 허용하는 것으로, 러시아 관광 시에는 바우쳐(초청장)가 필요하며, 해당국의 대사관이나 영사관에서 발급해준다. 러시아대사관의 비자관계 업무시간은 오전 09:30~12:15분 까지만 영사업무를 하며, 서울 정동(TEL.02-318-2116)에 위치해 있다. 비자 발급에 소요되는 시간은 3주, 1주, 2일정도 이며, 각각의 소요시간에 따라 수수료의 차이가 있다. 신청은 개인이나 여행사에서 대행이 가능하며 시간적 여유를 두고 수속을 하면 그만큼 여행경비를 절약할 수 있다.

■ **신청서류** : 신청서 1매, 초청장(바우쳐)원본, 사진 반명함판 3매, 여권 앞면 사본 1매, 비자 신청요금

☯ 환전 — Обмен валюты

러시아의 경우는, 러시아 내의 외화 Shop이나 호텔 등에서

외화를 사용하는 경우가 많으므로 소액의 달러를 준비해서 가는 것이 편리하다. 이외에도, 대부분의 상점이나 서비스업체에서는 현금, 특히 달러를 요구하는 경우가 많으며 만약을 대비해 여행자수표(T/C)나 신용카드를 준비해 가는 것도 좋다.

☯ 신용카드   Кредитная карточка

국내의 Visa(비자), Master(마스터), JCB(제이시비), American Express(아메리칸 익스프레스), Diners Club(다이너스클럽) 등의 국제카드를 사용할 수 있으며 여행기간과 은행 결제일이 겹치는 경우에는 미리 사용한 대금을 예금하고 떠나도록 한다. 대금 결제는 국내에서 환율을 환산하여 결제한다. 특급호텔이나 면세점 등 특정한 곳에서만 사용이 가능하며 사용시 별도의 수수료를 요구하는 경우가 많다.

☯ 항공권   Авиабилет

항공사나 여행사에서 구입이 가능하다. 러시아항공, 대한항공, 아시아나 항공 등에서 취항하고 있으며, 항공권의 가격과 취항시간은 각 항공사별로 다르다. 값싸고 편리한 항공권을 구입하고 싶다면 계획에 따라 여행사 직원과 상담하는 것도 좋은 방법이다.

☯ 해외여행보험   Страховой полис

여행자의 필요에 따라 회원증을 발급 받거나, 해외여행보험 등에 가입하면 편리하며, 만약의 경우에 대비할 수 있다. 해외여행보험은 사망이나 질병, 배상, 휴대품, 항공기 사고 등 여러 상품이 있으며, 이외에도 24시간 연중무휴 서비스(여행 전 서비스, 여권 분실시 서비스, 법률서비스 등)를 지원하는 곳도 있다. 여행사를 이용하는 단체여행의 경우는 이미 보험에 들어 있는 경우가 많으므로 확인 해 본다.

준비물

품목	Y	N
■ 여권	☐	☐
■ 현금(현지화폐)	☐	☐
■ 달러($)		
■ 여행자 수표	☐	☐
■ 신용카드	☐	☐
■ 항공권	☐	☐
■ 비상약품	☐	☐

귀중품

※ 위의 서류들은 꼭 별도로 번호와 발행처를 메모하거나 복사해 둘 것.
※ 아플 때를 대비해 비상약품은 꼭 준비해 둘 것.

품목	Y	N
■ 여행용 수첩	☐	☐
■ 국제 학생증	☐	☐
■ 국제 운전면허증	☐	☐
■ 증명사진(2매)	☐	☐
■ 타월, 칫솔, 치약, 빗, 면도기	☐	☐
■ 시계	☐	☐
■ 화장품, 생리용품	☐	☐
■ 옷, 신발	☐	☐
■ 카메라, 필름	☐	☐
■ 여행 안내 책자, 지도	☐	☐
■ 바느질용품	☐	☐
■ 계산기	☐	☐
■ 김, 김치, 고추장	☐	☐

선 택

※ 1회용품(칫솔, 치약, 면도기 등)은 제공되지 않는 곳이 대부분이므로 준비해 갈 것.
※ 증명사진은 여권 재발급시 필요하다.
※ 장기간 여행객이라면 밑반찬을 밀봉된 병이나 팩에 넣어서 휴대한다.

러시아에 대해

러시아는, 120개를 넘는 다민족국가로, 민족의 규모에 따라서 공화국 밑으로 자치공화국, 자치주, 자치구, 민족관구가 형성되어있다. 지금까지 자치공화국으로 있던 나라가 차차 주권선언을 하면서, 러시아연방이 형성되었다. 러시아 연방 내에서의 러시아인은 약 82%, 타타르인, 고려족 등 약 70의 소수 민족이 그 나머지를 차지하고 있다.

- **국명** : 러시아연방공화국
- **수도** : 모스크바
- **인종** : 러시아연방 내의 러시아인은 약 82%, 타타르인, 고려족 등 그 외의 소수민족 약 18%
- **인구** : 약 1억 5천만명(1996년 기준)
- **언어** : 러시아어(그 외 소수민족 독자의 언어)
- **시차** : 여름은 「한국시간 - 5시간」, 겨울은 「한국시간 - 6시간」 (모스크바 기준).
  러시아는 국내 자체가 11시간의 시차가 있으므로 주의해야한다. 또한, 열차나 비행기의 시각표의 발착시간은 다른 도시에서도 모스크바시간으로 표기하고 있는 곳이 있으므로 주의해야만 한다.

☯ 전압 · 주파수

전압은 220V, 주파수는 50Hz.

우리나라와 전압은 같은나, 주파수는 다르다. 우리나라에서 만들어진 제품을 사용할 때 주파수의 차이로 고장나는 수도 있으니 조사해서 사용해야 한다.

☯ 기후와 복장

■ 기후

러시아는 광대한 나라이므로, 기후는 지역에 따라서 크게
차이가 난다. 따라서 여행시즌도 지역에 따라 달라진다.

• **모스크바** : 여름은 비교적 온난하고 비가 적어, 관광에는 최적.
그러나 7·8월은 관광시즌이라 혼잡해서 개인여행의 경우는
호텔을 못 잡을 수도 있다. 어쨌든 여름을 피해서 느긋하게
여행을 즐기고 싶다면 6월의 백야의 시기나 황금의 가을이라
불리우는 초가을 경을 추천한다. 이즈음은 백야제도 열린다.
10월부터 3월에 걸쳐있는 겨울은 추위가 심하다. 겨울은 오로지
러시아의 문화, 예술을 느낄 수 있는 여행이 된다.

■ 복장

지역차가 있지만, 일반적으로 여름에도 기온차가 크므로,
카디건이나 점퍼 등, 위에 걸칠 수 있는 것을 가지고 가는 것이
좋다. 러시아의 가을은 한국의 겨울을 염두에 두고 준비한다.
의료품은 현지에서도 살 수 있지만, 사이즈나 종류, 시간적인
것을 생각하면 손실이 많다. 엄동기에는 두터운 외투, 모자,
부츠(패션부츠는 부적당), 장갑 등이 필요하다. 그러나 호텔
등의 실내, 차내는 완전난방으로 반소매로도 지낼 수 있을
정도다. 중앙 아시아는 햇빛 차단용 모자, 물통 등이 필요하다.
레스토랑이나 극장에 들어갈 때에는 복장은 자유지만, 때에
따라서는 드레스를 입고 있는 사람도 있다.

☯ 축제일

■ **1월 1일~2일** : 신년

■ **1월 7일** : 러시아정교의 크리스마스

■ **1월 13일** : 옛날 달력으로 지내는 신년

■ **3월 8일** : 여성의 날

■ **5월 9일** : 독일전(獨逸戰) 승리 기념일

■ **6월 12일** : 러시아 주권 선언의 날

■**8월 22일**: 러시아국 제정의 날
■**12월 12일**: 헌법기념일
■**12월 31일**: 연말휴일

◑ 러시아의 이벤트

■**겨울의 예술제**:「러시아의 겨울」이라고 불리우며, 연말부터
연초에 걸쳐서 행해지는 전통적인 페스티발이다. 일류
아티스트들이 발레나 오페라, 콘서트에 출연한다. 극장은
열기가 넘치고, 바깥의 추위를 잠깐동안 잊게 해준다.

■**백야제**: 6월 하순, 상트·페테르부르크에서 행해진다.

■**국제 모스크바 평화우호 마라톤**: 개최는 8월의 제 2토요일.
레닌 중앙 스타디움부터, 이전의 모스크바올림픽 코스를
달린다.

◑ TIP

러시아에서는 팁은 원칙적으로 불필요하다. 그러나 호텔의
포터(짐꾼)나 각 층에 있는 담당 종업원 등에게 외화로 팁을 줄
경우를 대비해 U$ 1~2정도를 준비해 간다.

■**운전사**: U$ 1~2

■**호텔**: 러시아의 호텔에는 각 층의 담당 종업원(제류르나야)이
있으므로, 이들이나 포터 등에게 성의로 팁을 주기도 한다.
이 외에는 10%정도 팁을 주는 것이 보통이다.

■**레스토랑**: 영수증에 서비스료가 포함되어 있을 때에는 주지
않아도 된다. 포함되지 않는 경우에는 요금의 10%정도 준다.

◑ 영업시간

우체국의 영업시간은 장소에 따라서 다르지만 대부분
10:00~19:00이며, 레스토랑의 영업시간은 12:00~23:00까지가
일반적이다.

긴급사태

☯ 여권 분실 Паспорт

러시아에서는 호텔에 도착하면, 여권은 호텔에 맡기므로, 호텔에 있을 때는 여권을 분실할 우려가 없지만, 여권을 호텔에 두고 체크아웃 할 때가 있다. 분실하면 즉시 가장 가까운 한국 대사관이나 영사관에 연락하고, 재발행 절차를 밟는다. 어떻든 재발행에는 시간이 걸리므로, 잃어버리지 않도록 주의한다.

☯ 여행자수표 분실 Дорожный чек

즉시 가까운 경찰서에 신고하여 분실증명서를 발급받는다. 여권과 T/C구입 영수증을 가지고 러시아에 있는 발권은행 지점에서 분실신고서를 작성하여 즉시 재발급 받는다. 이때에 T/C의 고유번호, 종류, 구입일, 구입 은행점을 알아야 한다. T/C의 상·하단 사인란에 모두 사인을 하거나 전혀 사인을 안한 경우는 재발급 되지 않으므로 유의해야 하고 T/C 번호와 구입 영수증은 별도로 보관해야 한다.

☯ 신용카드 분실 Кредитная карточка

분실 사고시 즉시 러시아의 경찰서에 신고를 하고 카드회사에 카드번호와 유효기간을 알린 후 분실처리를 요청한다. 언어에 자신이 없으면 한국의 해당 카드회사로 전화를 하여 분실신고를 하는 것이 제일 확실하다.

분실 신고 연락처(서울)
- 국민카드 : 3700-2000
- BC카드 : 520-4515
- 다이너스카드 : 3498-6111
- 외환카드 : 1588-6700(전국)

☯ 현금 분실 Деньги

러시아에서의 여행은 이미 바우쳐로 숙박비 등의 요금이 지불되어 있는 경우가 많으므로, 현금은 최소한으로 준비해가고 필요시에 환전하는 편이 좋다.

◐ 항공권 분실   Авиабилет

항공사의 대리점에 가서 재발급 신청을 하면 항공사는 본사에
연락하여 발급 여부를 확인해 준다. 시간이 급할 때는 별도의
항공권을 구입하고 귀국한 후 조회하여 환불받을 수 있으며, 이
때에는 현지에서 발급받은 분실(도난)증명서가 필요하다.

◐ 소매치기   Кража

호텔에서의 도난사고가 최근 증가하고 있다. 주재중 호텔에서도
방을 나올 때는, 귀중품은 트렁크에 넣고 열쇠로 잠가 놓던가,
몸에 가지고 다닐 것. 만일 도난 당했거나 물건을 잃어버렸을
때에는 바로 호텔서비스에 연락해서 서비스 받는다. 사실관계가
확실할 때는, 경찰의 증명서를 받아둔다. 한국 출국 전에 보험에
들어있을 때는 귀국 후, 도난보험금 수령의 증명서가 되기도
한다.

◐ 교통사고   Авто-дорожное происшествие

먼저 경찰서로 연락하고, 경찰서에서 꼭 사고 증명서를 받아
놓도록 한다. 보험 청구 시에 꼭 필요하다.

◐ 해외여행보험   Страховой полис

해외여행 도중 불의의 사고로 인한 재난을 미리 대비한 해외
여행보험에는 상해보험과 질병보험, 항공기 납치, 도난보상보험
등이 있다. 상해보험은 여행중에 발생된 사고의 정도에 따라
보험금액의 한도 내에서 보험금을 지급 받는 것이며,
질병보험은 여행중에 질병으로 입원하게 되는 경우 입원비,
치료비 등을 받는 것이다. 보험 가입은 개인의 경우 각
공항에서 비행기탑승 전에 가입하면 되고 여행사에서 취급하는
해외여행 상품을 이용할 경우는 대부분이 보험료가 포함되어
있으므로 별도로 가입할 필요는 없다.

기본표현
OCHOBA

러시아에서 현지인들과 마주치면 아는 사람이 아닐지라도 먼저 웃으면서 'Здравствуйте!'라고 인사말을 건네고 헤어질 때는 'До свидания.'라고 하면 된다. 사람을 소개로 처음 만났을 때는 'Очень приятно.'라고 인사한다.

안녕!	쁘리벳- Привет!
안녕하세요.(아침)	도-브러에 우-뜨라 Доброе утро.
안녕하세요.(점심)	도-브릐 젠- Добрый день.
안녕하세요.(저녁)	도-브릐 베-치르 Добрый вечер.
안녕하세요?	즈드라-스뜨부이쩨 Здравствуйте!
잘 지냈습니다. 고맙습니다.	하라쇼- 스빠씨-바 Хорошо, спасибо.
제 소개를 하겠습니다.	라즈리쉬쩨 쁘릳스따-비짜 Разрешите представиться.
이쪽은 김씨입니다.	에-따 가스빠진- 김 Это господин КИМ.
처음 뵙겠습니다.	오-친 쁘리야-뜨나 Очень приятно.
만나게 되어 반갑습니다.	랃 바스 비-지찌 Рад вас видеть.
잘 가십시오.	프씨보- 도-브러바 Всего доброго.
또 만납시다.	다 스비다-니야 До свидания.
행운을 빕니다.	쥍라-유 밤 샤-스찌야 Желаю вам счастья.

대답

상대방의 질문에 대한 답은 크게 긍정과 부정 두가지로 나뉘어진다. 부정으로 'Это не〜?: 〜이 아닙니까?'라고 물었을 때 우리말과 같이 'Да'가 '아니오'라는 뜻이 되고, 'Нет'이 '네'라는 뜻이 된다.

예.	다— Да.
알겠습니다.	야 [뽀냘(男)/ 빠닐라(女)] Я [понял / поняла].
좋은 생각이군요.	하라쇼— Хорошо.
지도 그렇게 생각합니다.	야 또줴 딱 두—마유 Я тоже так думаю.
네, 맞습니다.	다— 쁘라빌—나 Да, правильно.
기꺼이 하겠습니다.	쑤다볼—스뜨비엠 С удовольствием.
아닙니다.	녯 Нет.
아니오, 괜찮습니다.	녯 스빠씨—바 Нет, спасибо.
충분합니다.	다스따또—치나 Достаточно.
할 수 없습니다.	야 니 마구— Я не могу.
잠시 생각해 보겠습니다.	야 빠두—마유 Я подумаю.
정말입니까?	쁘라—브다 Правда?
그래요?	니우젤—리 Неужели?

다른 사람의 친절에 감사할 때 가장 많이 쓰이는 표현이 'Спасибо.'이다. 구체적인 이유를 붙여서 말할 때는 'за'를 이용해서 'Спасибо за помощь.'와 같이 표현한다. 양해를 구할 때는 'Простите.'라고 한다.

고맙습니다.	스빠씨-바 Спасибо.
정말 감사드립니다.	발쇼-예 스빠씨-바 Большое спасибо.
도와 주셔서 감사합니다.	스빠씨-바 자 뽀-머쉬 Спасибо за помощь.
⇨ 천만에요.	빠좔스따 Пожалуйста.
⇨ 천만에요.	녜 자 쉬따 Не за что.
시간을 내주셔서 고맙습니다.	스빠씨-바 쉬또 우젤릴리 브례-먀 Спасибо, что уделили время.
⇨ 오히려 제가 즐거웠습니다.	야 쁘리야-뜨나 [쁘라볼(男) / 쁘라빌라(女)] 브례먀 Я приятно [провел / провела] время.
죄송합니다.	이즈비니-쩨 Извините.
실례합니다.	쁘라스찌-쩨 Простите.
일부러 그런 것은 아닙니다.	에-따 빌로 녜 나몌-롄나 Это было не намеренно.
⇨ 괜찮습니다.	니치보- Ничего.
⇨ 신경 쓰지 마십시오.	니 비스빠꼬-이찌스 Не беспокойтесь.

부탁

남에게 부탁을 할 때는 'пожалуйста:제발'을 이용하여 간단한 부탁표현을 사용하는 것도 좋지만 'Вы можете~?:~하시겠습니까?'와 같은 정중한 표현을 쓰는 것이 좋다.

여보세요.	쁘라스찌-쩨 Простите.
물을 주십시오.	다-이쩨 빠좔-스따 비디 Дайте, пожалуйста, воды.
도와주시겠습니까?	븨 모-줴쩨 빠모-치 므녜- Вы можете помочь мне?
택시를 태워 수시겠습니까?	븨 모-줴쩨 빠싸지-찌 미냐- 나 딱씨 Вы можете посадить меня на такси?
담배를 피워도 될까요?	모-쥐나 꾸리-찌 Можно курить?
종이에 써 주시겠습니까?	븨 모-줴쩨 나삐싸-찌 나 부마-게 Вы можете написать на бумаге?
펜 좀 빌려주겠습니까?	븨 모-줴쩨 다-찌 브자이믜- 루-치꾸 Вы можете дать взаймы ручку?
잠시 봐도 될까요?	모-쥐나 빠스마뜨레-찌 Можно посмотреть?
들어가도 될까요?	모-쥐나 바이-찌 Можно войти?
⇨ 좋습니다.	하라쇼- Хорошо.
⇨ 네, 물론입니다.	다- 까녜-쉬나 Да, конечно.
⇨ 네, 어서 하십시오.	다- 빠좔-스따 Да, пожалуйста.
⇨ 죄송하지만, 안됩니다.	이즈비니-쩨 닐쟈- Извините, нельзя.

자신의 바램이나 희망을 나타내기 위해 'Я хочу~'
와 같은 문장을 이용한다.
원하지 않을 때는 'Нет, я не хочу~'의 문장을
사용하여 말한다.

가져도 됩니까?	모-쥐나 브쟈-찌 Можно взять?
만져 봐도 됩니까?	모-쥐나 빠뜨로-가찌 Можно потрогать?
무엇을 드시고 싶습니까?.	쉬또 븨 하찌-쩨 삐-찌 Что вы хотите пить?
커피를 마시고 싶습니다.	야 하추- 삐-찌 꼬-폐 Я хочу пить кофе.
카메라를 사고 싶습니다.	야 하추- 꾸삐-찌 포또아빠라-뜨 Я хочу купить фотоаппарат.
영화를 보고 싶습니다.	야 하추- 빠스마뜨례-찌 필-름 Я хочу посмотреть фильм.
잠자고 싶습니다.	야 하추- 스빠-찌 Я хочу спать.
당신과 함께 가기를 바랍니다.	야 하추- 빠이-찌 스바-미 Я хочу пойти с вами.
당신을 만나기를 고대합니다.	야 하추- 프스뜨례찌-쨔 스바-미 Я хочу встретиться с вами.
빨리 회복되기를 바랍니다.	쥘라-유 밤 스까례-이쉐바 비즈다러블례-니야 Желаю вам скорейшего выздоровления.
가고 싶지 않습니다.	야 니 하추- 예-하찌 Я не хочу ехать.
그렇게 하지 마십시오.	니 젤-라이쩨 딱 Не делайте так.
잠시 혼자 있고 싶습니다.	야 하추- 빠븨-찌 [아진-(男) / 아드나-(女)] Я хочу побыть [один / одна].

제안 · 충고

제안을 할 때는 'Давай(те)~? : ~하는 게 어때요?'
라는 구문을 이용하여 말하고, 이에 대한 대답으로
는 'Хорошо :좋아요'나 'Нет, я не хочу :그러고 싶
지 않습니다'로 대답한다.

한잔하시겠습니까?	다바-이쩨 브삐옘- **Давайте выпьем!**
연주회에 가시겠습니까?	다바-이쩨 빠이좀 나 깐쩨-르뜨 **Давайте пойдем на концерт!**
춤추시겠습니까?	다바-이쩨 빠딴쭈-엠 **Давайте потанцуем!?**
쇼핑하러 가시겠습니까?	다바-이쩨 빠이좀- 자 빠꿉-까미 **Давайте пойдём за покупками!**
점심 식사하러 가시겠습니까?	다바-이쩨 빠아볘-다옘 **Давайте пообедаем!**
오늘밤에 만납시다.	다바-이쩨 프스뜨레찜-샤 시보-드냐 노-치유 **Давайте встретимся сегодня ночью!**
갑시다.	빠이좀- **Пойдём!**
각자 계산합시다.	까-쥐드 쁠라찟 자 씨뱌- **Каждый платит за себя!**
치과에 가보지 그래요?	아브라찌-쩨스 끄 주-브너무 브라-추 **Обратитесь к зубному врачу.**
침착하십시오.	니 발누-이쩨스 **Не волнуйтесь**
진정하십시오.	붓-쩨 스빠꼬-이늬 **Будьте спокойны.**
⇨ 좋은 생각입니다.	하로-솨야 이-졔야 **Хорошая идея.**
⇨ 그다지 나쁘진 않군요.	니 딱 우쉬 이 쁠로-하 **Не так уж и плохо.**

약속

남의 집을 방문 할 때는 미리 약속을 하고 가야하
고, 간단한 선물을 준비하면 좋으며 약속 시간에
늦지 않도록 주의한다.
약속을 정할 때는 시간이나 장소 등이 혼동되지
않도록 정확하게 확인을 해야 한다.

내일 만날 수 있습니까?	의 모-쳄 프스뜨레찌-쨔 자-프뜨라 **Мы можем встретиться завтра?**
오후에 시간이 있습니까?	우 바스 예-스찌 브례-먀 뽀슬리 빨루-드냐 **У вас есть время после полудня?**
어디에서 만날까요?	그졔- 의 프스뜨레찜-쌰 **Где мы встретимся?**
⇨ 극장 앞에서 만납시다.	다바-이쩨 프스뜨레찜-쌰 뻬릿 찌아-뜨럼 **Давайте встретимся перед театром.**
댁을 방문하고 싶군요.	야 하추- 빠이찌- 브 고-스찌 **Я хочу пойти в гости.**
⇨ 좋습니다.	쑤다볼-스뜨비엠 **С удовольствием.**
몇 시가 좋습니까?	바 스꼴-까 밤 부젯 우도-브나 **Во сколко вам будет удобно?**
⇨ 언제라도 좋습니다.	브 류보에 브례-먀 **В любое время.**
⇨ 5시가 좋습니다.	브 빠-찌 치쏩- **В пять часов.**
⇨ 3시 30분까지 오십시오.	쁘리하지쩨 다 빨라비-느 치뜨뵤-르따바 **Приходите до половины четвертого.**
3월 21일입니다.	씨보-드냐 드밧-짜찌 뻬-르버에 마르따 **Сегодня двадцать первое марта.**
금요일입니다.	씨보-드냐 빠-뜨니짜 **Сегодня пятница.**
그 때 봅시다.	다 스비다니야 **До свидания.**

질문

러시아인에게는 개인의 신상에 관한 일과 결혼 유
무를 묻는 것은 우리와 달리 에티켓에 어긋나므로
직설적으로 묻지 않는다. 꼭 알아야 할 필요성이
있을 때는 문두에 'Можно спросить?: 실례가 되지
않는다면'과 같은 말을 하고 묻는다.

▼ 신상

성함이 무엇입니까?
깍 비스 자붓-
Как вас зовут?

⇨ 저는 홍길동입니다.
미냐 자붓- 홍길동
Меня зовут Хонг Гил Донг.

무슨 일을 하십니까?
쳼 븨 자니마-에쩨스
Чем вы занимаетесь?

몇 살이십니까?
스꼴-꺼 밤 롓
Сколько вам лет?

⇨ 스물 일곱입니다.
므녜- 드밧-쩌찌 셈 롓
Мне 27 лет.

영어를 할 줄 압니까?
븨 가봐리-쩨 빠앙글리-스끼
Вы говорите по-английски?

⇨ 네, 조금 할 줄 압니다.
다 -니므노거
Да, немного

⇨ 아니오, 못합니다.
녯-
Нет.

▼시간

오늘은 몇 일입니까?
까꼬-에 씨보-드냐 치슬로-
Какое сегодня число?

⇨ 9월 20일입니다.
씨보-드냐 드밧-쨔떠에 씬쨔-브리
Сегодня двадцатое сентября.

무슨 요일입니까?
까꼬-이 씨보-드냐 졘 니젤-리
Какой сегодня день недели?

⇨ 금요일입니다.
씨보-드냐 빠-뜨니짜
Сегодня пятница.

지금 몇 시입니까?
까또리 차스
Который час?

⇨ 2시 40분입니다.
드봐 치싸― 쏘-럭 미누-뜨
Два часа сорок минут.

언제 떠나십니까?
까그다 븨 우예-제쩨
Когда вы уезжаете?

언제 도착했습니까?
까그다 븨 쁘리예-할리
Когда вы приехали?

▼ 장소

어디에서 왔습니까?
앗꾸다 븨 쁘리예-할리
Откуда вы приехали?

⇨ 한국의 서울에서 왔습니다.
이즈 씨울-라 까레-이
Из Сеула, Кореи.

어디로 가야 합니까?
꾸다 므녜- 나더 이찌
Куда мне надо идти?

어디로 가십니까?
꾸다 븨 이죠-쩨
Куда вы идёте?

여기가 어디입니까?
그제- 믜 나호-짐쌰 씨이차스
Где мы находимся сейчас?

이 근처에 은행이 있습니까?
즈제-시 예스찌 빠블리조스찌 반끄
Здесь есть поблизости банк?

⇨ 네, 역 앞에 있습니다.
다 온 나호-지쨔 삐릿 스딴찌-예이
Да, он находится перед станцией.

▼ 방법

무엇을 타고 오셨습니까?
나 촘 븨 쁘리예-할리
На чём вы приехали?

⇨ 비행기를 타고 왔습니다.
나 싸말료-쩨
На самолёте.

이것은 어떻게 사용합니까?
깍 에찜 뽈주웃쨔
Как этим пользуются?

여행은 어땠습니까?
깍 븨 달례-쩰리
Как вы долетели?

가격

해외여행에서 가장 신경 쓰이는 것이 금전에 관한 문제이다. 가게나 식당 등에서 계산을 할 때 알아야할 필수적인 표현들을 알아보자. 대부분 정찰제로 판매되지만 가판대나 벼룩시장같은 곳에서는 할인을 받을 수 있는 곳도 많이 있다.

얼마입니까?	스꼴-꺼 스또-잇 Сколько стоит?
모두 얼마입니까?	스꼴-꺼 프쇼 에따 스또잇 Сколько все это стоит?
⇨ 15달러입니다.	삣나-쪄찌 돌-라로프 Пятнадцать долларов.
비쌉니다.	에-떠 도-러거 Это дорого.
비싸지 않습니다.	니도-러거 Недорого.
할인해 주십시오.	니 모줴-쩨 우스뚜삐-찌 Не можете уступить?
⇨ 아주 쌉니다.	에-떠 슬리-슈껌 지쇼-버 Это слишком дёшево.
얼마에 사고 싶습니까?	자 스꼴-꺼 븨 하찌쩨 꾸삐찌 За сколько вы хотите купить?
⇨ 10달러입니다.	제-시찌 돌-라로프 Десять долларов.
거스름돈을 주십시오.	다-이쩨 빠좔-스따 즈-다추 Дайте, пожалуйста, сдачу.
거스름돈이 틀립니다.	븨 달리 즈다추 니쁘라빌나 Вы дали сдачу неправильно.
팁입니다.	에따 밤 나 차이 Это вам на чай.
영수증을 주십시오.	다-이쩨 빠좔-스따 숏 Дайте, пожалуйста, счёт.

0	영	ноль [눌]
1	첫 번째	один / первый [아진- / 뼤-르븨]
2	두 번째	два / второй [드바- / 프따로-이]
3	세 번째	три/третий [뜨리- / 뜨레-찌이]
4	네 번째	четыре / четвёртый [치띄-리 / 치뜨뵤-르띄]
5	다섯 번째	пять / пятый [빠-찌 / 빠-띄]
6	여섯 번째	шесть / шестой [쉐-스찌 / 쉐스또-이]
7	일곱 번째	семь / седьмой [쎔- / 씨지모-이]
8	여덟 번째	восемь / восьмой [보-씸 / 바씨모-이]
9	아홉 번째	девять / девятой [제-비찌 / 지뱌-띄]
10	열 번째	десять / десятый [제-시찌 / 지쌰-띄]
11	열한 번째	одиннадцать / одиннадцатый [아자나짜찌 / 아지나짜띄]
12	열두 번째	двенадцать / двенадцатый [드비나짜찌 / 드비나-짜띄]
13	열세 번째	тринадцать / тринадцатый [뜨리나-짜찌 / 뜨리나-짜찍]
14	열네 번째	четырнадцать / четырнадцатый [치띄-르나짜찌 / 치띄-르나짜띄]
15	열다섯 번째	пятнадцать / пятнадцатый [삐뜨나-짜찌 / 삐뜨나-짜띄]
16	열여섯 번째	шестнадцать / шестнадцатый [쉬스나-짜찌 / 쉬스나-짜띄]
17	열일곱 번째	семнадцать / семнадцатый [씸나-짜찌 / 씸나-짜띄]
18	열여덟 번째	восемнадцать / восемнадцатый [보씸나-짜찌 / 보씸나-짜띄]

19 열아홉 번째	девятнадцать / девятнадцатый [지빗나-짜찌 / 지빗나-짜띠]	
20 스무 번째	двадцать / двадцатый [드밧짜찌 / 드밧쨔-띠]	
21 스물한 번째	двадцать один / двадцать первый [드밧짜찌 아진 / 드밧짜찌 뻬-르븨]	
30 서른 번째	тридцать / тридцатый [뜨릿-짜찌 / 뜨릿쨔-띠]	
40 마흔 번째	сорок / сороковой [쏘-럭 / 싸라까보-이]	
50 쉰 번째	пятьдесят / пятьдесятый [뼛지쌋- / 뼛지쌰-띠]	
60 예순 번째	шестьдесят/шестьдесятый [쉬스지쌋- / 쉬스지쌰-띠]	
70 일흔 번째	семьдесят / семьдесятый [쎔-지씻 / 씸지쌰-띠]	
80 여든 번째	восемьдесят / восемьдесятый [보-씸지씻 / 보씸지쌰-띠]	
90 아흔 번째	девяносто / девяностый [지비노-스떠 / 지비노-스띠]	
100 백 번째	сто / сотый [스또- / 쏘-띠]	
1,000 천 번째	тысяча / тысячный [띄-시처 / 띄-시츠늬]	
1,000,000 백만 번째	миллион / миллионный [밀리온- / 밀리온-늬]	
2배	два раза [드바 라자]	
반(½)	половина [빨라비-나]	
한 번	раз [라-스]	
두 번	два раза [드바 라자]	

주(週)	неделя
일요일	воскресенье [바스끄리쎄-니여]
월요일	понедельник [빠니젤-닉]
화요일	вторник [프또-르닉]
수요일	среда [스리다-]
목요일	четверг [치뜨베르그]
금요일	пятница [빠-뜨니쩌]
토요일	суббота [쑤보-따]
이번 주	эта неделя [에-따 니젤랴]
다음 주	следующая неделя [슬례-두유샤야 니젤-랴]
지난 주	прошлая неделя [쁘로-쉴라야 니젤-랴]

달(月)	месяц
1월	январь [인바리]
2월	февраль [피브랄-]
3월	март [마르뜨]
4월	апрель [아쁘렐-]
5월	май [마-이]
6월	июнь [이윤-]
7월	июль [이율-]
8월	август [아-브구스뜨]
9월	сентябрь [씬쨔-브리]
10월	октябрь [악쨔-브리]
11월	ноябрь [나야-브리]
12월	декабрь [지까-브리]
이 달	этот месяц [에떳 메씨쯔]
다음 달	следующий месяц [슬례-두유쉬이 메씨쯔]
지난 달	прошлый месяц [쁘로쉴리 메씨쯔]

■ 시간 · 계절

시간	время
1시간	один час [아진- 차-스]
반시간	полчаса [빨치싸-]
분	минута [미누-따]
초	секунда [씨꾼-다]
오전	до полудня [다 빨루-드냐]
정오	полдень [뽈-젠]
오후	после полудня [뽀-슬레 빨루-드냐]
저녁	вечер [베치르]
밤	ночь [노-치]
오늘밤	сегодня ночью [씨보-드냐 노-치유]
오늘아침	сегодня утром [씨보드냐 우뜨럼]
그저께	позавчера [빠자프치라-]
어제	вчера [프치라-]
오늘	сегодня [씨보-드냐]
내일	завтра [자-프뜨라]
모레	послезавтра [뽀슬리자-프뜨라]

계절	время года
봄	весна [비스나-]
여름	лето [례-떠]
가을	осень [오-센]
겨울	зима [지-마]

가족 — семья

할머니	бабушка [바-부슈까]	사위	зять [쟈-찌]
할아버지	дедушка [제-두슈까]	며느리	сноха/невестка [스나하/니베스뜨까]
부모	родители [라지-쩰리]	조카	племянник [쁠리먄-닉]
아버지	отец [아쩨-쯔]	질녀	племянница [쁠리먄-니쩌]
어머니	мать [마-찌]	사촌	кузен [꾸-잰]
아내	жена [쥐나-]	아저씨	дядя [쟈-져]
남편	муж [무쉬]	아주머니	тётя [쬬-쪄]
형제	братья [브랏찌야]	남자	мужчина [무쉬-나]
자매	сестры [씨스뜨릐]	여자	женщина [줸쉬-나]
아들	сын [씐]	소년	мальчик [말-칙]
딸	дочь [도-치]	소녀	девочка [제-보츠까]
손자	внук [브눅-]		
손녀	внучка [브누-치까]		

대명사 — местоимение

나	я [야]	그녀의	её [이요-]
나의	мой [모이]	우리	мы [믜]
당신	вы [븨]	우리의	наш [나쉬]
당신의	ваш [바쉬]	당신들	вы [븨]
그	он [온]	당신들의	ваш [바쉬]
그의	его [이보-]	그(녀)들	они [아니-]
그녀	она [아나-]	그들의	их [이-흐]

출국

ВЫЕЗД

국제선을 이용하여 출국하려면 2시간 전에 공항에 도착하여 수속을 밟아야 한다. 2001년 3월에 문을 연 인천 국제 공항은 서울 시내에서 전용 고속도로로 약 1시간 정도 걸린다. 늦지 않도록 어유를 두고 출발하도록 한다.

출국 순서

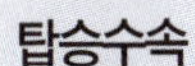
탑승수속

여권, 항공권을 가지고 해당 항공사 데스크로 간다. 수화물이 있으면 탁송하고 Baggage Tag(탁송화물표)과 Boarding pass(탑승권)를 받는다.

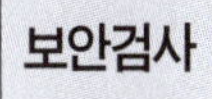
보안검사

수화물과 몸에 X선을 비춰 금속류와 흉기를 검사한다. 필름은 손상되지 않는다.

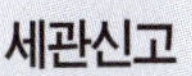
세관신고

귀중품과 고가품은 반드시 세관에 신고하고 '휴대품 반출 확인서'를 받아야 귀국시 세금을 면제받는다.

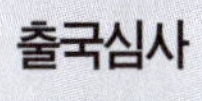
출국심사

미리 작성한 E/D(출입국카드)를 여권과 탑승권과 함께 제시한다. 여권에 출국 스탬프를 찍고 입국카드, 탑승권은 되돌려 준다.

탑승대기

Duty free(면세점)를 이용할 수 있고 해당 Gate(탑승구) 앞에서 출발 20분 전까지 기다리면 된다.

■ 출입국카드(E/D)

항공권 구입시 같이 제공되므로 미리 작성하는 것이 좋으며
항공사 데스크에도 준비되어 있다.

■ 공항세(Airport Tax)

공항세는 항공권에 포함되어 있으며, 출국 납부금만 지불한다.
탑승권을 받을 때 자기가 앉고 싶은 곳(금연석/흡연석/통로석/
창문쪽)을 요구한다.

■ 면세점(Duty-free shop)

시중의 면세점에서 구입한 물품을 교부 받거나 필요한 양주나
기념품, 선물 등을 면세 가격으로 구입할 수 있다. 여분의
필름을 구입하는 것이 요령이며, 장기간 여행을 한다면 김치나
젓갈류도 구입할 수 있다. 민속주를 제외한 맥주나 소주, 밧데리
등은 팔지 않으며 러시아 내의 면세 한도을 벗어나지 않도록
한다.

기내에서

■ 지정 좌석

자신의 탑승권에 적힌 좌석에 앉아서 휴대품은 선반이나 의자
밑에 놓는다. 이륙 후 주위에 빈자리가 있으면 옮아 앉아도
된다.
좌석의 종류는 일등석, 비즈니스석, 이코노미석으로 나뉜다.

■ 기내 서비스

러시아 항공을 제외한 국내 항공사에는 한국어를 할 줄 아는
승무원이 탑승하므로 언어에는 별 문제가 없다. 기내에서는
식사, 음료수, 주류 등이 무료로 제공되며 간단한 구급약품도
준비되어 있다.

■ 통과와 환승

Transit(통과)은 추가 탑승을 위하여 중간 기착지에 기항하는
것이고 Transfer(환승)는 중간 기착지에서 다른 비행기를
갈아타는 것. Stop over(스톱 오버)는 중간 기착지에서 8시간
이상 기다린 후 비행기를 갈아타는 것.

 # 출국

탑승하여 스튜어디스에게 Boarding Pass(탑승권)를 제시하면 좌석안내를 해준다. 손가방은 의자 위의 트렁크 속에 넣는 것이 원칙이지만 어떠한 경우에도 여권을 비롯한 귀중품은 몸에 지니도록 한다.

 ## 자주 쓰이는 표현 

Q 좌석번호는 몇 번입니까?

까꼬-이 노-메르 메-스따
Какой номер места?

⇨ **26-A번입니다.**

드밧-쨔찌 쉐-스찌 아
Двадцать шесть-A.

뜨리쨔찌 쎔 베
· 37-B тридцать семь B

삣지쌋- 취띄-리 데
· 54-D пятьдесят четыре D

Q 제 자리는 어디입니까?

그제 마요- 메-스떠
Где моё место?

⇨ **첫 번째 줄입니다.**

프 뻬-르봄 리두-
В первом ряду.

바 프따롬- 리두-
· 두 번째 줄 во втором ряду

프뻬리지-
· 앞쪽 впереди

스자지-
· 뒤쪽 сзади

빠시리지-네
· 중앙 посередине

F **탑승하신 것을 환영합니다.**
다브로- 빠좔-러바찌
Добро пожаловать.

F **탑승권을 보여 주십시오.**
빠까쥐-쩨 바쉬 빌렛-
Покажите ваш билет.

K **제 가방을 어디에 놓을까요?**
꾸다 모-쥬너 빨라쥐-찌 마유- 쑴-꾸
Куда можно положить мою сумку?

⇨ **의자 밑에 놓으십시오.**
빨라쥐-쩨 빳 끄레-슬로
Положите под кресло.

K **제 짐을 좀 올려 주세요**
빨라쥐-쩨 빠좔-루스따 쑴꾸 나베-르흐
Положите, пожалуйста, сумку наверх.

⇨ **물론이지요.**
빠좔-스따
Пожалуйста.

K **모스크바에 몇 시에 도착하게 됩니까?**
바 스꼴-꺼 믜 쁘리븨바-엠 프 마스끄부-
Во сколько мы прибываем в Москву?

⇨ **모스크바 시간으로 오후 5시에 도착합니다.**
프 뺘-찌 치쏩- 드냐- 빠 마스꼬-프스까무 브레-메니
В пять часов дня по московскому времени.

K **자리를 바꾸고 싶은데요.**
야 하추- 빠미냐-찌 메-스떠
Я хочу поменять место.

K **여기서 담배를 피워도 됩니까?**
모-쥐나 즈제-시 꾸-리찌
Можно здесь курить?

◆ **예약** : заказ [자까즈]

◆ **비행기표** : билет [빌롓-]

◆ **항공사** : авиакомпания [아비아깜빠-니아]

◆ **노선** : линия [리-니아]

◆ **출발** : вылет [빌-롓]

◆ **도착** : прилёт [쁘릴룟-]

◆ **승무원** : стюард(есса) [스뜌아릇(스뜌아르데-싸)]

◆ **국내선** : внутренная линия [브누-뜨렌나야 리-니아]

◆ **국외선** : международная линия
　　　　[메쥐두나로드나야 리-니아]

◆ **공항세** : пошлина аэропорта [뽀-쉴리나 아에로뽀-르따]

◆ **출발지** : место отправления [메-스떠 앗쁘라블례-니아]

◆ **목적지** : место назначения [메-스떠 나즈나체-니아]

◆ **정기편** : регулярный рейс [레굴랴-르늬 레-이스]

◆ **특별기편** : специальный рейс [스뻬찌알-늬 레-이스]

◆ **좌석번호** : номер места [노-메르 메-스따]

◆ **탑승** : посадка [빠싸-드까]

◆ **탑승권** : посадочный билет [빠싸-도치늬 빌롓-]

겨울궁전 ▶
지금은 에르미따쥐 박물관

[F] 아에로플로트에 탑승하신 것을 환영합니다.

쁘리벳스트부엠 바스 나 바르뚜 싸말료따
Приветствуем вас на борту самолёта

아비아깜빠니이 아에로플롯
авиакомпании "Аэрофлот".

[K] 제 자리가 어디지요?

그제- 마요- 메-스떠
Где моё место?

[F] 비행기표를 보여 주세요.

빠까쥐-쩨 바쉬 빌롓-빠좔스따
Покажите ваш билет, пожалуйста.

[K] 여기 있습니다.

보-뜨 온
Вот он.

[F] 37번 A석이군요.

뜨릿-짜찌 쎔 아
тридцать семь А.

창문쪽입니다.

우 아끄나
У окна.

[K] 매우 감사합니다.

발쇼-에 스빠씨-바
Большое спасибо.

▲ 출국심사(도심터미날)

출국

시차를 빨리 극복할 수 있는 방법 중의 하나는 물을 많이
마시는 것이다. 지상에서 보다 빨리 취하므로 알코올섭취는
가급적 삼가도록 한다.

 자주 쓰이는 표현 

Ⓠ **음료수는 무엇으로 하시겠어요?**

쉬또- 븨 부지쩨 삐-찌
Что вы будете пить?

⇨ **물 주세요.**

다-이쩨 빠좔-스떠 바듸
Дайте, пожалуйста, <u>воды</u>.

비노-
- **포도주** ВИНО

아뻴리씨나븨 쏙
- **오렌지 주스** апельсиновый сок

꼬-페
- **커피** кофе

삐-버
- **맥주** пиво

Ⓠ **몸 상태가 좋지 않습니다.**

야 쁠로-허 씨뱌- 춥-스트부유
Я плохо себя чувствую.

⇨ **<u>머리가 아프세요?</u>**

우 바-쓰 발릿- 갈라바
У вас болит <u>голова</u>?

쥘루-덕
- **위** желудок

쥐보-뜨
- **배** живот

주븨-
- **치아** зубы

빠이스니-짜
- **허리** поясница

 응용한 표현 ● ● ● ● ● ● ● ● ● ● ● ● ● ● ● ● ● ● ● 

K 실례합니다. (스튜어디스를 부를 때)

쁘라스찌-쩨
Простите.

K 신문 있으세요?

우 바쓰 예-스찌 가제-따
У вас есть газета?

K 담요를 주십시오.

다-이쩨 빠좔스따 쁠렛
Дайте, пожалуйста, плед.

K 자리를 바꾸고 싶습니다.

야 하추- 빠미냐-찌 메-스떠
Я хочу поменять место.

K 흡연은 어디에서 할 수 있죠?

그제- 모-쥐나 꾸-리찌
Где можно курить?

K 지금 어느 창공을 날고 있습니까?

그제- 믜 씨이차-스 리찜-
Где мы сейчас летим?

K 의자를 눕혀도 되겠습니까?

모-쥐나 아뿌스찌-찌 끄레-슬러
Можно опустить кресло?

K 식사는 언제 하지요?

까그다 부-짓 아볫-
Когда будет обед?

⇨ 1시간 후입니다.

체레스- 차-스
Через час.

F 고기와 생선 중 어느 것을 원하세요?

쉬또- 븨 하찌-쩨 먀-써 일리 릐-부
Что вы хотите, мясо или рыбу?

⇨ 생선으로 하겠습니다.

므녜- 빠좔-스따 리-부
Мне, пожалуйста, рыбу.

К 면세품을 판매하십니까?

븨 쁘라다요-쩨 비스뽀-슐린늬에 따바-릐
Вы продаёте беспошлинные товары?

⇨ 네, 무엇을 구입하려고 하십니까?

다 쉬또- 븨 하찌-쩨 꾸삐-찌
Да, что вы хотите купить?

F 더 이상 남은 것이 없는데요.

볼셰- 넷-
Больше нст.

F 술은 무료입니다.

스뻬르뜨늬예 나뻬뜨끼- 비스쁠라-뜨너
Спиртные напитки - бесплатно.

F 아니오, 돈을 지불하셔야 합니다.

넷 븨 달쥬늬- 자쁠라찌-찌
Нет, вы должны заплатить.

К 멀미납니다.

야 스뜨라다-유 바즈두-슈너이 발례-즈니유
Я страдаю воздушной болезнью.

К 멀미 봉지를 주십시오.

다이쩨 기기에니-체스끼 빠껫- 빠좔-스따
Дайте гигиенический пакет, пожалуйста.

К 가슴이 아파요.

우 미냐- 발릿- 그루-지
У меня болит грудь.

К 아스피린을 한 알 주십시오.

다-이쩨 빠좔-스따 아스삐린-
Дайте, пожалуйста, аспирин.

- **남승무원** : стюард [스뜌-아룻]
- **여승무원** : стюардесса [스뜌아르뎨-싸]
- **의자** : кресло [끄례-슬러]
- **식사** : обед [아볫-]
- **담요** : плет [쁠렛]
- **베개** : подушка [빠두-슈까]
- **멀미** : воздушная болезнь [바즈두-슈나야 발례-즌]
- **멀미주머니** : гигиенический пакет
  [기기에니-체스끼이 빠껫-]
- **약** : лекарство [리까-르스뜨버]
- **안전벨트** : привязные ремни [쁘리비즈늬-에 림니-]
- **접는 탁자** : столик [스똘-릭]
- **안내책자** : брошюра [브라슈-라]
- **헤드폰** : наушники [나우-쉬니끼]
- **채널** : канал [까날-]
- **라디오** : радио [라-지오]
- **구명조끼** : спасательный жилет [쓰빠싸쩰-늬 쥘롓-]
- **화장실** : туалет [뚜알롓-]
- **비어 있는** : свободно [스바보-드너]
- **사용중인** : занято [자니떠]
- **위급한** : срочный [스로-치늬]
- **배고프다** : мне хочется есть [므녜- 호-칫짜 예-스찌]
- **목마르다** : мне хочется пить [므녜- 호-칫짜 삐찌]
- **사용하다** : использовать [이스뽈-저바찌]
- **매다** : застегнуть [자스찌그누-찌]
- **풀다** : расстегнуть [라스찌그누-찌]

[F] 음료수는 무엇으로 하시겠어요?

쉬또- 븨 부-지쩨 삐-찌

Что вы будете пить?

[K] 어떤 종류가 있는데요?

쉬또- 우 바스 예-스찌

Что у вас есть?

[F] 과일주스, 물, 알코올류가 있습니다.

프룩또-븨 쏙- 바다 스삐르뜨늬예

Фруктовый сок, вода, спиртные

나삐뜨끼- 이 딱 달-례

напитки и т.д.

[K] 알코올류는 무료입니까?

스삐르뜨늬예 나삐뜨끼- 비스쁠라-뜨너

Спиртные напитки- бесплатно?

[F] 전부 무료입니다.

프쏘- 비스쁠라-뜨너

Всё бесплатно.

[K] 그럼 맥주를 한 잔 주십시오.

다-이쩨 므녜- 끄루-쉬꾸 삐-바 빠좔스따

Дайте мне кружку пива, пожалуйста.

그리고 면세품 판매도 하십니까?

븨 쁘라다요-쩨 비스뽀-쉴린늬에 따바-릐

Вы продаёте беспошлинные товары?

[F] 예, 조금 후 판매가 시작됩니다.

다 체-례스 미누뚜 나치뇻-쨔 쁘라다-쟈

Да, через минуту начнется продажа.

 # 출국

무엇인가 부족한 점, 불편한 점, 의문사항이 있을 때는 서슴지 말고 승무원에게 질문하거나 부탁해보도록 하자. 승무원들은 비상약품을 제공하며 기본적인 응급조치를 할 수 있다.

 자주 쓰이는 표현 

Q 이건 어떻게 작동하지요?

깍 에-떠 라보-따엣
Как это работает?

⇨ **당기세요.**

빠찌니-쩨 나 씨뱌-
Потяните на себя.

- **미세요** 앗 씨뱌- от себя
- **자동입니다** 아프마찌-체스끼 автоматически

Q 화장실이 어디에 있습니까?

그제- 나호-짓쨔 뚜알렛-
Где находится туалет?

⇨ **뒤쪽에 있습니다.**

프 깐쩨- 쌀로-나
В конце салона.

- **흡연구역** 꾸리쩰-나야 조-나 курительная зона
- **구명조끼** 스빠싸쩰-늬 쥘렛- спасательный жилет

K 의자를 어떻게 젖힙니까?
깍 아쁘스까-옛쨔 끄레-슬라
Как опускается кресло?

⇨ 당기세요.
빠찌니-쩨 나 씨뱌-
Потяните на себя.

⇨ 미세요.
앗 씨뱌-
От себя.

K 이 물은 마실 수 있습니까?
모-쥐노 삐-찌 에뚜 보-두
Можно пить эту воду?

F 안전벨트를 매세요.
자스찌그니-쩨 리멘-
Застегните ремень.

K 화장실에 지금 들어가도 됩니까?
모-쥐노 바이찌- 프 뚜알-롓
Можно войти в туалет?

K 헤드폰은 어떻게 사용합니까?
깍 뽈-저밧쨔 나우-쉬니까미
Как пользоваться наушниками?

⇨ 이렇게 하십시오.
즈젤-라이쩨 봇 딱-
Сделайте вот так.

K 영화를 보고 싶습니다.
야 하추- 빠스마뜨례찌 필-름
Я хочу посмотреть фильм.

F 영화는 5번 채널입니다.
필-름 나 빠-똠 까날-례
Фильм-на пятом канале.

[K] 길을 비켜주시겠어요?
이즈비니-쩨 모-쥐노 쁘라이찌-
Извините, можно пройти?

[F] 예, 지나가십시오.
다 빠좔스따
Да, пожалуйста.

[K] 화장실이 어디입니까?
그제- 나호-짓쨔 뚜알렛-
Где находится туалет?

[F] 여기입니다.
봇 즈제-시
Вот здесь.

[K] 안에 사람이 있습니까, 없습니까?
땀 크또 니부지 예-스찌
Там кто-нибудь есть?

[F] 없습니다.
녯-
Нет.

[K] 감사합니다.
스빠씨-바
Спасибо.

▲ 도심공항터미널 이용승객 전용 통로

입국

ВЪЕЗД

모스크바라면 쉐레메체보 2공항에 도착하며, 바로 통로를 통해서 터미널 2층으로 간다.
입국검사는 1층이고 도착하면, 입국심사 → 세관검사의 순으로 입국절차를 한다.

입국 순서

입국심사	여권과 비자를 담당자에게 제출한다. 3장의 비자 중 1장은 입국용(ВЬЕ-3д), 나머지 2장이 출국용(ВЫЕЗД). 여기서 남은 2장은 잃어버리지 않도록 주의한다. 러시아에서는 호텔에 체크인 할 때 프론트에서 여권과 비자를 일시 맡아둔다.
수화물 찾는 곳	해당 항공사의 표시등이 있는 턴테이블이 있는 곳에 가서 짐을 찾고, 세관검사를 받는 곳으로 간다.
세관신고	세관신고서를 세관담당자에게 제출한다. 세관신고서는 출발 전에 공항이나 기내에서 받아 써두는 것이 편리하다.

면세 기준(러시아)

- **담배** : 50갑(1000가치 또는 1000g)
- **술(알코올)** : 1.5 ℓ, 와인 2 ℓ
- **향수** : 적당량(개인 사용량)

■ 통과

서유럽까지 비행기로 가는 모스크바경유 유럽행이 있다. 이는
연료나 물의 보급을 위한 것으로 Transit(통과)라고 불리운다.
「서울 - 모스크바」의 직행편을 이용해도 되지만, 「서울 - 일본 -
모스크바」의 노선과 「서울 - 베이징 - 모스크바」의 노선을
이용하는 방법도 있다.

통화와 환전

■ 통화

통화 단위는 루블 Рубль(R : 러시아어로는 P)과 코페이카이다.
1998년 화폐 개혁으로 과거의 1,000루블이 1루블로 화폐가
바뀌었으며, 요즘 러시아 경제의 불안정으로 인해 환율의
변동이 심하므로 사전에 다시 한번 체크하는 것이 좋다.

■ 환전

환전은 보통 러시아 은행과 공항 및 호텔의 환전소와 거리의
환전 전문점에서 할 수 있다. 환전 가능한 화폐는 주로
미화(US $)이며, 엔화나 마르크화도 환전할 수 있다. 따라서
우리나라에서 러시아로 여행하고자 할 때는 미화로 환전한 후,
러시아에 도착하여 루블로 다시 환전하여 사용하여야 한다.
주의할 것은 사용하고 남은 루블은 환전소에서 재환전 하여
환전료만 날리므로 필요량만큼 환전하는 지혜가 필요하다.

▲ 환전소 앞 러시아 국민들

입국

공항에 도착하여 제일먼저 입국심사대에서 여권 및 비자를 제출하여 입국심사를 받는다. 이때 3면으로 되어있는 비자의 1면을 절취하고 나머지 2면은 여권과 함께 되돌려준다.

자주 쓰이는 표현 • 

입국

Q 입국 목적은 무엇입니까?

깍까~야 우 바스 쩰 빠예~즈드끼
Какая у вас цель поездки?

⇨ **관광입니다.**

뚜리즘.
Туризм.

- **사업**　비~즈니스　бизнес
- **휴가**　옫~뿌스끄　отпуск

- **회의참석**　우차~스찌예 브 깐뻬렌~찌이　участие в конференции
- **어학연수**　이주체~니예 루~스까보 이~지까　изучение русского языка

Q 얼마나 머무실 겁니까?

스꼴~꺼 드네이 븨 부~지쩨 브 라씨~이
Сколько дней вы будете в России?

⇨ **10일간 입니다.**

지쌋~ 드녜~이
Десять дней.

- **일주일**　아드누~ 니~젤류　одну неделю
- **한 달**　아진~ 메~쌰쯔　один месяц

F **여권을 보여 주십시오.**
빠까쥐-쩨 빠좔-스따 빠-스뽀르뜨
Покажите, пожалуйста, паспорт.

F **단체여행이십니까?**
브 쁘리예-할리 즈 그룹-뻐이
Вы приехали с группой?

▷ **아니오, 혼자 여행합니다.**
넷 야 아진
Нет, я один.

F **처음 방문이십니까?**
에떠 바쉬 뻬-르브 비짓- 브 라씨-유
Это ваш первый визит в Россию?

▷ **아니오, 두 번째입니다.**
넷 프따로-이
Нет, второй.

F **돌아가실 비행기 표는 있습니까?**
우 바스- 예-스찌 아브라-뜨늬 아비아빌렛-
У вас есть обратный авиабилет?

F **돈은 얼마나 가지고 계십니까?**
까까야 쑴마 제넥 우 바스 싸보이
Какая сумма денег у вас с собой?

▷ **1,000달러입니다.**
띄씨차- 돌-러러프
Тысяча долларов.

F **미혼이십니까?**
브 할라스또-이   브 녜 자무쥄
Вы холостой?(男) / Вы не замужем?(女)

▷ **아니오, 결혼했습니다.**
넷 야 쥐낫-   넷 야 자무쥄
Нет, я женат.(男) / Нет, я замужем.(女)

◆짐 : Багаж [바가수]

◆여권 : паспорт [빠-스쁘르뜨]

◆비자 : виза [비-자]

◆출장 : командировка [까만지로-프까]

◆휴가 : отпуск, каникулы [옷-뿌스끄, 까니-꿀릐]

◆방문 : визит [비짓]

◆미혼 : холостой(男) / незамужняя(女)
　　　　[할라스또-이 / 니자무-쥐냐아]

◆기혼 : женатый(男) / замужняя(女)
　　　　[쥐나띄 / 자무-쥐냐아]

◆외국인 : иностранец [이나스뜨라-녜쯔]

◆거주자 : житель [쥐-쩰]

◆성(姓) : фамилия [파밀-리아]

◆이름 : имя [이-먀]

◆결혼 전 이름 : девичья фамилия [제-비치야 파밀-리아]

◆국적 : гражданство [그라쥐단스뜨보]

◆출생일 : день рождения [젠- 라쥐제-니아]

◆출생지 : место рождения [메-스떠 라쥐제-니아]

◆성(性) : пол [뽈-]

◆남자 : мужчина [무쉬-나]

◆여자 : женщина [쥔-쉬나]

◆나이 : возраст [보-즈라스뜨]

◆직업 : профессия [쁘라폐-씨아]

◆주소 : адрес [아-드례스]

◆본적 : постоянное местожительство
　　　　[빠스따얀-나야 메스떠쥐-쩰스뜨버]

◆여권번호 : номер паспорта [노-몌르 빠스쁘르따]

◆발급기관 : место выдачи [메-스떠 븨다치]

F 안녕하십니까? 여권을 보여주십시오.
즈드라-스뜨부이쩨 빠까쥐-쩨 므녜 바-쉬 빠-스쁘르뜨
Здравствуйте, покажите мне ваш паспорт.

K 여기 있습니다.
봇 빠좔스따
Вот, пожалуйста.

F 사업차 오셨습니까?
븨 쁘리예-할리 빠 비즈녜쑤
Вы приехали по бизнесу?

K 아니오, 여행중입니다.
넷 뚜리-즘
Нет, туризм.

F 혼자 오셨습니까?
븨 쁘리예-할리 [아진-(男) / 아드나-(女)]
Вы приехали [один / одна]?

K 아니오, 가족과 함께 왔습니다.
넷 씨미요-이
Нет, с семьей.

아이들은 제 여권에 같이 기재되어 있습니다.
제찌 프삐-싼늬 프 모-이 빠-스쁘르뜨
Дети вписаны в мой паспорт.

F 좋습니다. 즐거운 여행 되십시오.
쥘라-유 쁘리야-뜨너 쁘러베스찌- 브례-먀
Желаю приятно провести время.

# 입국

입국심사를 마치면 수화물을 찾고 세관검사를 받는데, 불법적인 무기류나 마약류가 없다면 세관을 통과하는 데는 별 문제가 없다.

 **자주 쓰이는 표현** 

Ⓠ 가방 안에는 무엇이 들었습니까?

쉬또- 우 바스 프 쑴-께
Что у вас в сумке?

⇨ 개인소지품 입니다.

리-츠느예 베-쉬
Личные вещи.

- **선물** 빠다-르끼 подарки
- **약** 리까-르스뜨보 лекарство
- **인삼** 줴니 쉔- жень-шень
- **책** 끄니-기 книги

Ⓠ 동물을 데리고(가지고) 있습니까?

우 바스 예-스찌 쥐봇-드노이
У вас есть животное?

⇨ 아니오, 없습니다.

녯-
Нет.

- **마약** 나르꼬-찌끼 наркотики
- **술** 알까골- алкоголь
- **식물** 라스쪠-니예 растение
- **담배** 씨가례-띄 сигареты

 **유용한 표현** •••••••••••••••••••• 

F **짐이 몇 개입니까?**

스꼴-꺼 우 바스 바가좌-
Сколько у вас багажа?

⇨ **전부 네 개입니다.**

우 미냐- 프씨보 취띄-리 메-스따 바가좌-
У меня всего четыре места багажа.

F **가방을 열어 주십시오.**

앗끄로-이쩨 쑴꾸 빠좔스따
Откройте сумку, пожалуйста.

K **짐이 도착하지 않았습니다.**

바가-쉬 이쏘 니 쁘리빌-
Багаж еще не прибыл.

K **카터가 어디 있습니까?**

그제- 나호-쟛쨔 나씰-끼
Где находятся носилки?

K **제 짐을 못 받았습니다.**

야 니 빨루칠- 바가-쉬
Я не получил багаж.

F **술 종류를 가지고 계십니까?**

우 바스 예-스찌 스삐르뜨늬예- 나삐-뜨끼
У вас есть спиртные напитки?

⇨ **보드까 한 병 있습니다.**

아드나- 부띨-까 보-드끼
Одна бутылка водки.

F **이것은 얼마짜리 입니까?**

스꼴-꺼 에-떠 스또-잇
Сколько это стоит?

⇨ **100루블입니다.**

스또- 루블례-이
Сто рублей.

- ◆ 세관 : таможня [따모-쥐냐]
- ◆ 세관원 : таможенник [따모-쥐닉]
- ◆ 세관신고서 : таможенная декларация
  [따모-쮄나야 지끌라라-찌야]
- ◆ 개인소지품 : личные вещи [리-치늬 볘-쒸]
- ◆ 선물 : подарок [빠다-럭]
- ◆ 술 : алкоголь [알까골-]
- ◆ 담배 : сигареты [씨가롓-띄]
- ◆ 면세품 : беспошлинные товары
  [비스뽀-쉴롄늬 따바-릐]
- ◆ 향수 : духи [두히-]
- ◆ 보석 : драгоценность [드라가쩬-너스찌]
- ◆ 허용량 : допустимое количество
  [다뿌스찌-마야 깔리-치스뜨버]
- ◆ 손수레 : носилки [나씰-끼]
- ◆ 손상된 : поврежденный [빠브례쥐죤-늬]
- ◆ 짐가방 : багаж [바가-쉬]
- ◆ 포터 : носильщик [나씰-쒹]
- ◆ 수화물 인환증 : багажный квиток [바가-쥐늬 끄비똑-]

체스 힐(Chess Hill) ▶

입국

[F] 여권을 보여 주십시오.

빠까쥐-쩨 빠좔스따 바-쉬 빠스뽀르뜨
Покажите, пожалуйста, ваш паспорт.

[K] 네, 여기에 있습니다.

빠좔스따
Пожалуйста.

[F] 신고할 물건 있으십니까?

우 바스 예-스찌 쉬또 니부-지 쉬떠 나더 자지끌라리-러바찌
У вас есть что-нибудь, что надо задекла
рировать?

[K] 아뇨, 없습니다.

녯-
Нет.

[F] 주류나 담배 가져오셨습니까?

우 바스 예-스찌 스삐르뜨늬예 나삐뜨끼 일리 씨가렛-띄
У вас есть спиртные напитки или
сигареты?

[K] 예, 하지만 면세를 넘지 않습니다.

다 예-스찌 노 브 다뿌스찌-믜흐 깔리-치스뜨바흐
Да, есть, но в допустимых количествах.

[F] 네, 이제 가셔도 좋습니다.

브 모-줴쩨 이찌
Вы можете идти.

# 입국

환전은 보통 러시아 은행과 공항 및 호텔의 환전소에서만
가능하다. 환전 가능한 화폐는 주로 미화(US $)이며, 엔화나
마르크화도 가능하다. 환률이 불안하므로 우리나라에서 미화로
환전환 후, 러시아에 도착하여 루블로 환전하여 사용한다.

 **자주 쓰이는 표현** ●●●●●●●●●●●●●●●●●●●●●● 

Q **환전소는 어디에 있습니까?**

그제- 나호-지쨔 뿐-끄뜨 아브메나- 발류-띠
Где находится пункт обмена валюты?

⇨ **왼쪽 모퉁이에 있습니다.**

날례-버 자 우글롬-
Налево за углом.

• 은행　반-끄　банк

• 안내소　스쁘라-버치너이 뷰로　справочное бюро

Q **어떤 화폐로 바꿔 드릴까요?**

나 까꾸-유 발류-뚜 밤 압미냐-찌
На какую валюту вам обменять?

⇨ **루블로 바꿔 주십시오.**

나 루블리-
На рубли.

• 달러　돌러릐　доллары

• 동전　나 멜끼예 젠기　на мелкие деньги

K 근처에 은행이 있습니까?
그제- 즈제-시 빠블리-저스찌 반끄
Где здесь поблизости банк?

K 몇 시부터 몇 시까지 엽니까?
스 까꼬-버 디 다 까꼬-버 브레-메니 라보-따잇
С какого и до какого времени работает?

▷ 9시부터 5시까지 합니다.
즈 지비찌- 다 삐찌-
С девяти до пяти.

K 여행자 수표도 받습니까?
븨 쁘리니마-이쩨 다로-쥐늬예 체끼
Вы принимаете дорожные чеки?

K 수수료는 얼마입니까?
스꼴-꺼 까미씨온-늬흐 나더 다쁠라찌-찌
Сколько комиссионных надо доплатить?

K 이 지폐를 잔돈으로 바꿔 주십시오.
라즈미냐-이쩨 나 멜-끼예 젠-기
Разменяйте на мелкие деньги.

F 현금으로 드릴까요? 수표로 드릴까요?
날리-치늬미 일리 체-까미
Наличными или чеками?

▷ 일부는 잔돈으로 주세요.
다이쩨 빠좔스따 차-스찌 멜-끼미 꾸쀼-라미
Дайте, пожалуйста, часть мелкими купюрами.

K 계산이 틀린데요.
븨 니쁘라-빌너 빠쒸딸-리
Вы неправильно посчитали.

F 여기에 서명해 주십시오.
라스삐쒸-쩨시 즈제-시
Распишитесь здесь.

◆ **환전소** : пункт обмена валюты
[뿐-끄뜨 아브몌-나 발류-띠]

◆ **은행** : банк [반끄]

◆ **은행원** : банковский служащий [반-꼬프스끼 슬루좌-쒸]

◆ **여행자수표** : дорожные чеки [다로-쥐늬예 쳬-끼]

◆ **환율** : обменный курс [압몬-늬 꾸-르스]

◆ **지폐** : бумажные деньги [부마-쥐늬 졘-기]

◆ **동전** : монеты [마녜-띠]

◆ **서명** : подпись [뽓-삐씨]

◆ **수수료** : комиссионные [까미씨온-늬]

◆ **바꾸다** : обменять [압미냐-찌]

입국

러시아의 화폐단위

러시아의 화폐 단위는 루블과 꼬뻬이까이다.

• **지폐** : 5000루블, 500루블, 100루블, 50루블, 10루블, 5루블.

• **동전** : 5 · 2 · 1루블 짜리, 50 · 10 · 5 · 1꼬뻬이까 짜리.

최근 화폐 개혁으로, 고액의 구화폐와 혼용되고 있으므로 화폐를 사용할 때 주의해야 한다. 구화폐 1000루블은 신화폐 1루블.

[K] 여행자 수표를 바꾸려고 하는데요.
야 하주- 압미냐-찌 다로-쥐늬예 쳬끼
Я хочу обменять дорожные чеки.

오늘 달러 환율이 어떻게 됩니까?
까꼬이 씨보-드냐 꾸-르스 돌-러라
Какой сегодня курс доллара?

[F] 1달러에 5루블입니다.
빠-찌 루블레이
Пять рублей.

[K] 수수료를 내야 합니까?
야 돌줸 자쁠라찌-찌 까미씨온-늬예
Я должен заплатить комиссионные?

[F] 100달러에 20루블입니다.
까미씨온-늬 즈보-르 싸 스따 돌-러러프
Комиссионый сбор со ста долларов

싸스따블랴-잇 드밧-짜찌 루-블레이
составляет двадцать рублей.

[K] 100달러를 루블로 바꿔주세요.
압미냐-이쩨 므녜- 빠좔스따 스또 돌-러러프
Обменяйте мне, пожалуйста, сто долларов.

[F] 여기에 서명 하시고 여권을 보여주십시오.
라스삐쉬-쩨스 즈졔-시 이 빠까쥐-쩨 빠-스뽀르뜨
Распишитесь здесь и покажите паспорт.

[K] 여기 있습니다.
봇 즈졔-시
Вот здесь.

교 통
ТРАНСПОРТ

러시아 국내의 이동은 국토가 넓기 때문에 이동편은 비행기가 일반적이다. 시간도 아끼고 편리하지만, 날씨 등의 이유로 발착시간이 크게 늦어질 때가 있다. 시베리아철도, 모스크바~상트 페테르부르크 간의 열차, 야간열차 등의 철도 이용도 좋다. 그러나 이 이외의 철도를 이용해서 국내를 이동하는 것은 어렵다. 외국인은 열차표를 쉽게 구하지 못하고 시간이 걸리기 때문이다.

모스크바

모스크바 내에서의 교통 기관은, 지하철, 트롤리버스, 전차 등이 있다. 여행자에게 있어서 가장 이용하기 쉬운 것은 지하철이다. 또한 시간적으로 빠르고 확실한 것은 택시이다.

■ 지하철

모스크바의 지하철은, 광범위하게 복수의 노선이 연결되어 있어서 대부분은 지하철로 갈 수 있고 익숙해지면 편리하다. 개통은 1935년 5월. 깊게 파여진

지하철역의 구내는 지하궁전이라고 불릴 만큼 화려하다. 도중하차를 하지 않는 한, 어디까지 가도 요금은 같다. 승차할 때는 우선, 창구에서 전용 코인을 산다. 그리고 그것을 개찰기에 넣은 후, 개찰기를 통해 들어간다. 갈아탈 때에는 플랫폼에 있는

안내표지판의 표시를 따라가면 된다. 지하철입구에는 <M>의
마크가 표시되어 있어 찾기 쉽다.

■ 택시

택시를 이용할 때는, 사전에 호텔에 부탁하는 방법과 택시 타는
곳이나 길에서 타는 방법이 있다. 호텔에서는 늦어도 2시간
전에는 신청할 것. 이전에 택시 요금은 미터제를 사용하는 차도
있었지만, 잘 사용하지 않으며, 운전사와 승객간의 합의에
의해서 결정되는데 모스크바의 택시요금은 서울과 비슷한
수준이다. 타기 전에 운전사에게 목적지를 말하고, 요금을
확인한다. 숫자 정도는 영어가 통한다.
택시 이용시, 빈 택시일 경우는 운전사 우측의 앞부분에
푸른등이 켜져있다. 가능한 합승은 하지 말고 운전사 뒷자석에
앉는 것이 안전하다.

■ 버스

우리에겐 약간 생소하지만 전차선이
위쪽에 달려있으며 무궤도로 달리고
한 대 혹은 두 대가 연결되어 있다.
이용 가능하면 편리하지만,
여행자에게는 다소 이용하기가
어렵다. 하지만, 교외로 나갈 때 등,
지하철만으로는 갈 수 없을 때에
타야할 경우도 있는데, 표는
키오스크(가판대)나 운전사로부터 구입한다.
대중교통을 이용할 때는 항상 본인의 소지품 분실 및 도난에
각별히 주의한다.

■ 렌터카

공항이나 호텔 등에 렌터카 데스크가 있으므로, 거기에서
신청하면 된다. 러시아에서는 국제면허증이 필요하다.
단, 모스크바의 운전은 제법 힘들므로 익숙하지 않은 관광객은
피하는 것이 좋다.

# 교통

길 묻기

러시아인은 보통 길을 묻는 외국인에게 불친절하다. 상대방이 영어를 못하고 자신이 러시아어를 못하는 경우라도 몸동작으로 서로 의사소통이 되는 경우가 많으므로 묻기를 주저하지 말자.

 자주 쓰이는 표현 

> **Ⓠ 크렘린을 찾는데요.**
>
> 그제- 나호-지짜 끄례-믈
> Где находится Кремль?
>
> **⇨ 똑바로 가세요.**
>
> 이지-쩨 쁘라-머
> Идите прямо.

- **오른쪽으로** 나쁘라-바 направо
- **왼쪽으로** 날례-바 налево

> **Ⓠ 역까지 얼마나 걸립니까?**
>
> 스꼴-꺼 나더 잇찌- 다 바그잘-라
> Сколько надо идти до вокзала?
>
> **⇨ 걸어서 10분 걸립니다.**
>
> 삐쉬꼼- 제-씨찌 미눗-
> Пешком 10 минут.

- **버스로** 나 아프또-부씨 на автобусе
- **지하철로** 나 미뜨로- на метро
- **택시로** 나 딱씨 на такси
- **차로** 나 마쉬-녜 на машине

K 붉은 광장에 가려고 합니다.
야 하추- 빠빠-스찌 나 끄라-스누유 쁠로-샤지
Я хочу попасть на Красную площадь.

K 여기서 가깝습니까? / 여기서 멉니까?
앗쑤다 블리-스꺼 / 앗쑤다 달리꼬-
Отсюда близко?/ Отсюда далеко?

K 지도에 표시를 해 주세요.
빠까쥐-쩨 나 까르쩨
Покажите на карте.

K 길을 잃었습니다.
야 자블루질-쌰
Я заблудился.

K 여기가 어디입니까?
그제 야 나호-쥬스
Где я нахожусь?

K 걸어서 얼마나 걸립니까?
스꼴-꺼 브레-메니 자이못- 삐쉬꼼-
Сколько времени займет пешком?

⇨ 약 10분 걸립니다.
오꼴-러 지씨찌- 미-눗
Около десяти минут.

K 이 거리의 이름은 무엇입니까?
깍 니즈바-에쨔 에-따 울-리짜
Как называется эта улица?

K 뻬쩨르부르그 역이 어디입니까?
그제- 삐찌르부-륵스끼 바그잘-
Где петербургский вокзал?

⇨ 저쪽 입니다.
본 땀-
Вон там.

◆ **차로** : на машине [나 마쉬-녜]

◆ **버스로** : на автобусе [나 아프또-부쎄]

◆ **전철로** : на метро [나 미뜨로-]

◆ **걸어서** : пешком [뻬쉬꼼]

◆ **방향** : направление [나쁘라블례-니예]

◆ **북쪽** : север [쎄-베르]

◆ **남쪽** : юг [육-]

◆ **동쪽** : восток [바스똑-]

◆ **서쪽** : запад [자-빳]

◆ **똑바로** : прямо [쁘랴-머]

◆ **왼쪽으로** : налево [날례-바]

◆ **오른쪽으로** : направо [나쁘라-바]

◆ **가까운** : близкий [블리-스끼]

◆ **먼** : дальний [달니]

◆ **앞쪽으로** : вперед [프삐롯]

◆ **뒤쪽으로** : назад [나잣-]

◆ **이쪽으로** : сюда [쓔다-]

◆ **저쪽으로** : туда [뚜다-]

◆ **길** : дорога [다로-가]

◆ **가로수길** : бульвар [불-바르]

◆ **대로** : проспект [쁘라스뻭-뜨]

◆ **골목길** : переулок [뻬리울-록]

◆ **사거리** : перекресток [뻬리끄료-스떡]

◆ **지하도** : подземный переход [빳젬-늬 삐리홋]

[K] 실례합니다. 모스크바 대학 어디 있습니까?

이즈비니-쩨 그제- 나호-짓짜 엠게우
Извините, где находится МГУ?

[F] 네, 저쪽에서 버스를 타십시오.

아 싸지-쩨스 나 아프또-부쓰 본 땀
Да, садитесь на автобус вон там.

[K] 몇 번 버스를 타야 합니까?

나 까꼬-이 아프또-부쓰 므녜 나더 쎄스찌
На какой автобус мне надо сесть?

[F] 3번 버스를 타세요.

노-메르 뜨리
Номер три.

[K] 얼마나 걸립니까?

스꼴-꺼 브레메니 자이못- 다로-가
Сколко времени займет дорога?

[F] 약 10분 걸릴 겁니다.

오껄-러 지씨찌- 미눗
Около десяти минут.

[K] 고맙습니다.

스빠씨-바
Спасибо.

교통

기차/전철

러시아의 철도는 예약이 가능하나 가이드를 통하는 것이 초보 여행자들에겐 안전하다. 역에서 직접 표를 예매할 경우 매표소에서 매표원들과 러시아어로 표를 구매해야 할 경우가 대부분이다.

자주 쓰이는 표현

Q 안녕하세요?
즈드라-스뜨부이찌
Здраствуйте.

⇨ 빼쩨르부르그행 기차표 한 장 주세요.
다-이쩨 므녜 아진 빌롓 나 쌍뜨 삐찌르부-르그
Дайте мне один билет на Санкт-Петербург.

- 급행 익스쁘레-쓰 экспресс
- 침대차 쁠랏쯔까-르뜨 плацкарт

Q 어느 역에서 타야합니까?
나 까꼼 바그잘-례 나다 싸짓-쨔
На каком вокзале надо садиться?

⇨ 빼쩨르부르그 역에서요.
나 삐찌르부-르그스꼼 바그잘-례
На петербургском вокзале.

- 내리다 븨하지-찌 выходить
- 갈아타다 젤-라찌 삐리싸-드꾸 делать пересадку

 유용한 표현 ●●●●●●●●●●●●●●●●●●●●●● 

K 매표소가 어디입니까?
그졔- 나호-짓쨔 빌롓-뜨나야 까싸
Где находится билетная касса?

K [편도 / 왕복표]를 부탁합니다.
[브 아진 까녯 / 브 오-바 깐짜] 빠좔스따
[в один конец / в оба конца] пожалуйста.

F [금연석 / 흡연석]으로 하시겠습니까?
미스따- 들랴 [니꾸랴-쒸흐 / 꾸랴-쒸흐]
Места для [некурящих / курящих]?

K 더 [일찍 / 늦게] 떠나는 차가 있습니까?
녯드 리 뽀-에즈다 [란-쉐 / 뽀-즈줴]
Нет ли поезда [раньше / позже]?

K 기차시간표를 주십시오.
다-이쩨 므녜 빠좔스따 라스삐씨-니예 뽀이즈도-프
Дайте мне, пожалуйста, расписание поездов.

K 예약을 꼭 해야 합니까?
나달 리 자브러니-러바찌 몌-스떠
Надо ли забронировать место?

K 기차를 갈아타야 합니까?
나달 리 졜-라찌 삐리싸드꾸
Надо ли делать пересадку?

⇨ 아니오, 필요 없습니다.
녯 니 나다
Нет, не надо.

K 이 표를 환불해주시겠습니까?
모-쥐너 빠미냐-찌 빌롓-
Можно поменять билет?

⇨ 이 표는 환불이 불가능합니다.
에똣 빌롓- 압몌-누 니 빠들례-쥣
Этот билет обмену не подлежит.

Ⓚ 리가행 기차는 몇 번 플랫폼에서 떠납니까?
앗 까꼬-이 쁠랏포-르믜 앗쁘라블랴-엣쨔 뽀-에즈드 브 리구
От какой платформы отправляется поезд в Ригу?

Ⓚ 이 기차는 바로네쉬에 정차합니까?
에똣 뽀-에즈드 아스따노-빗쨔 브 바로-네줴
Этот поезд остановится в Воронеже?

Ⓚ 몇 시에 떠납니까?
바 스-꼴꺼 믜 앗쁘라블랴-옘쌰
Во сколько мы отправляемся?

Ⓚ 개찰을 언제 합니까?.
바 스-꼴꺼 부젯 쁘라베-르까 빌롓-또프
Во сколько будет проверка билетов?

Ⓚ 표를 분실했습니다.
야 빠쩨럇- 빌롓-
Я потерял билет.

⇨ 5루블을 더 내셔야 합니다.
밤 누-쥐나 자쁠라찌-찌 이쑈 빠찌 루블례-이
Вам нужно заплатить еще пять рублей.

▲ 카잔스키 철도역

- ◆**특급열차** : экспресс [익스쁘레-스]
- ◆**침대칸** : купе [꾸뻬]
- ◆**흡연칸** : места для курящих [미스따 들랴 꾸랴쒸흐]
- ◆**금연칸** : места для некурящих [미스따 들랴 니꾸랴쒸흐]
- ◆**시간표** : расписание [라스삐싸-니예]
- ◆**침대차** : спальный вагон [스빨-늬 바곤]
- ◆**식당차** : вагон-ресторан [바곤-레스따란-]
- ◆**역** : вокзал [바그잘]
- ◆**편도** : в один конец [바진 까녯쯔]
- ◆**왕복** : в оба конца [보바 깐짜]
- ◆**일등차** : мягкий вагон [먀끼 바곤]
- ◆**이등차** : жесткий вагон [죠스끼 바곤]
- ◆**할인가격** : цена со скидкой [쩨나 싸 스끼드꺼이]
- ◆**매표소** : билетная касса [빌롓-뜨나야 까싸]
- ◆**검표원** : контролер [깐뜨랄료-르]
- ◆**표** : билет [빌롓]
- ◆**개찰** : проверка билетов [쁘라베-르까 빌롓-떠프]
- ◆**자리가 빈** : свободное место [스바보-드너예 메스떠]
- ◆**자리가 찬** : занятое место [자냐떠예 메스떠]
- ◆**플랫폼** : платформа [쁠랏-드포르마]
- ◆**선로** : путь [뿟찌]

지하철 표지판 ▶

K **노브고로드행 표 한 장이요.**

아진 빌렛- 나 노-브고럿
Один билет на Новгород.

F **언제 떠나십니까?**

까그다- 븨 우이좌-이쩨
Когда вы уезжаете?

K **내일 아침 10시쯤입니다.**

자-프뜨라 우-뜨럼 치소-프 제싸찌
Завтра утром, часов в десять .

F **잠시만 기다려주십시오.**

빠다쥐지-쩨 미누-또취꾸
Подождите, минуточку.

기차는 10시에 떠나서 노브로로드에 4시에 도착합니다.

뽀-에즈드 앗븨바-옛 브 제-싸찌 치소프
Поезд отбывает в десять часов,

이 쁘리브바-엣 치띄-리 치싸-
и прибывает в четыре часа.

K **그것으로 하겠습니다.**

다-이쩨 므녜- 에떳 빌렛
Дайте мне этот билет.

F **금연석으로 드릴까요? 흡연석으로 드릴까요?**

미스따 들랴 니꾸랴-쒸흐 일리 들랴 꾸랴-쒸흐
Места для некурящих или для курящих?

K **금연석으로 주십시오.**

들랴 꾸랴-쒸흐
Для курящих.

 # 교통

택시요금은 우리 나라의 경우보다 조금 비싼 편이다.
아무데서나 택시를 잡을 수 있다. 그러나 보통의 일반 승용차도
택시 영업을 한다. 이 경우에는 미리 운전자와 요금을
흥정해야 한다.

 자주 쓰이는 표현 •••••••••••••••••••• 

Q 어디로 가십니까?

밤 꾸다
Вам куда?

➡ 이 주소로 가주세요.

앗드베지-쩨́ 미냐 빠 에따무 아드례수
Отвезите меня по этому адресу.

- **공항** 브 아에로뽀-르뜨   в аэропорт
- **문화공원** 브 빠-르끄 꿀뚜-릐   в парк культуры

Q 공항까지 대략 얼마입니까?

스꼴-꺼 부짓 다 아에로뽀-르따
Сколько будет до аэропорта?

➡ 100루블입니다.

스또- 루-블레이
Сто рублей.

- **호텔** 가스찌-니찍   гостиницы
- **역** 바그잘라   вокзала
- **은행** 반까   банка
- **한국대사관** 까례이스까버 빠쏠스뜨보   корейкого посольства

 **유용한 표현** 

K 택시 승차장은 어디입니까?
그제- 나호-짓쨔 스따얀-까 딱씨
Где находится стоянка такси?

K 택시를 불러주시겠어요?
자까쥐쩨 므녜 딱씨 빠좔스따
Закажите мне такси, пожалуйста.

K [오른쪽 / 왼쪽]으로 도십시오.
삐비르니-쩨 [나쁘라바 / 날례바]
Поверните [направо / налево].

K 여기에서 세워 주십시오.
아스따나비-쩨 즈졔시 빠좔스따
Остановите здесь, пожалуйста.

K 좀 더 빨리 가 주십시오.
모-쥐너 빠브이스뜨례-예
Можно побыстрее.

K 여기서 조금 기다려 주십시오.
빠다쥐지-쩨 미냐 즈졔시
Подождите меня здесь.

K 너무 비쌉니다. 좀 깎아 주세요.
에떠 슬리-쉬껌 도-러거 모-쥐너 지쉐-블례
Это слишком дорого. Можно дешевле?

K 시간이 얼마나 걸릴까요?
스꼴-꺼 에떠 자이못- 브례-메니
Сколько это займет времени?

F 잔돈이 없습니다.
우 미냐 녯 멜-러치
У меня нет мелочи.

⇨ 잔돈은 가지세요.
즈다-치 니 나다
Сдачи не надо.

- **택시** : такси [딱씨]
- **빈차** : пустое такси [뿌스또-예 딱씨]
- **팁** : деньги на чай [젠-기 나 챠이]
- **미터기** : счетчик [쑷칙]
- **트렁크** : багажник [바가-쥐닉]
- **택시승차장** : стоянка такси [스따얀-까 딱씨]
- **신호등** : светофор [스비따포-르]
- **횡단보도** : переход [삐리홋-]
- **우회전** : направо [나쁘라바]
- **좌회전** : налево [날레바]
- **직진** : прямо [쁘랴머]
- **세우다** : остановиться [아스따나빗-짜]
- **기다리다** : подождать [빠다쥐다-찌]

시민의 발
뜨랄례이 부스(버스) ▶

택시 이용시 빈 택시일 경우는 운전사 우측의 앞 부분에 푸른등이 켜져있다. 택시요금은 운전사와 승객간의 합의에 의해 결정되는데 모스크바의 택 시 요금은 서울의 1.5배 정도의 수준이다.

 실제 회화 ●●●●●●●●●●●●●●●●●● 

안녕하세요. 어디 가십니까?

즈드라-스뜨부이찌 꾸다 밤
Здравствуйте, куда вам?

모스크바역으로 가주세요.

나 마스꼬-프스끼 바그잘
На московский вокзал

서둘러 주세요, 급합니다.

모-쥐너 빠브이스뜨레-예 야 따라쁠류-스
Можно побыстрее, я тороплюсь.

* * *

다 왔습니다. 모스크바역입니다.

쁘리예-할리 에떠 마스꼬-프스끼 바그잘
Приехали. Это Московский вокзал.

20루블입니다.

드밧-짜찌 루블레이
Двадцать рублей.

여기 있습니다.

봇 즈졔시
Вот, здесь.

잔돈은 가지세요.

즈다치 니 나다
Сдачи не надо.

감사합니다. 안녕히 가세요.

스빠씨-바 다 스비다-니야
Спасибо. До свидания.

교통

# 교통

차를 빌리기 위해서는 사전에 호텔의 프론트나 서비스 뷰로에 부탁해두는 것이 좋다.

자주 쓰이는 표현 

Q 어떤 종류의 차를 원하십니까?

깍꾸-유 마쉬-누 븨 하찌-쩨 브쟈찌 나 쁘라깟
Какую машину вы хотите взять на прок
ат?

⇨ **소형차를 빌리고 싶습니다.**

야 하추- 브쟈찌 에까놈-누유 마쉬-누
Я хочу взять <u>экономную</u> машину.

- **대형** 발슈유 большую
- **중형** 스례-드뉴유 среднюю

Q 임대료는 얼마입니까?

스꼴-꺼 스또잇 쁘라깟
Сколько стоит <u>прокат</u>?

⇨ **100루블입니다.**

스또- 루블례이
Сто рублей.

- **보험료** 스뜨라호-프까 страховка
- **보증금** 잘록 залог

F 어떤 모델을 원하십니까?
깍꾸-유 마델 븨 하찌쩨
Какую модель вы хотите?

K 제 국제면허증입니다.
봇 마이이 메쥐두나로-드늬예 바지쩰-스끼예 쁘라-바
Вот мои международные водительские права.

K 보증금을 내야 합니까?
나디 아스따빗-찌 질록
Надо оставить залог?

K 임대료는 얼마입니까?
스꼴-꺼 스또-잇 쁘라깟
Сколько стоит прокат?

K 주행거리에 따른 추가요금이 있습니까?
예-스찔 리 다빨니-쩰늬 따리프 나 지스딴찌유
Есть ли дополнительный тариф на дистанцию?

K 자동차 라디오가 있습니까?
예-스찔 리 라지오 브 마쉬-녜
Есть ли радио в машине?

F 주소를 적어주시겠습니까?
나삐쉬-쩨 바쉬 아-드레스
Напишите ваш адрес.

K 보험에 들겠습니다.
야 하추 자스뜨라하밧-쨔
Я хочу застраховаться.

K 도로 지도가 있습니까?
우 바스 예-스찌 다로-쥐나야 까르따
У вас есть дорожная карта?

K 주유소가 어디 있습니까?
그제 나호-짓쨔 벤자자쁘라바뱐나야 깔론까
Где находится бензозаправочная колонка?

K **(기름을) 가득 넣어주십시오.**
므녜 뽈-늬 박
Мне полный бак.

K **차가 고장났습니다.**
마쉬-나 슬라말-라스
Машина сломалась.

K **수리 좀 해주십시오.**
앗드리몬찌-루이쩨 빠좔스따
Отремонтируйте, пожалуйста.

K **밧데리 좀 점검해 주십시오.**
아스마뜨리-쩨 아꾸물랴또르
Осмотрите аккумулятор.

K **세차 좀 해주십시오.**
빠모이쩨 므녜 마쉬누
Помойте мне машину.

K **엔진오일 좀 갈아주세요.**
자미니-쩨 마슬로 빠좔스따
Замените масло, пожалуйста.

지하철역 ▶

- **임대료** : плата за прокат [쁠라따 자 쁘로깟]
- **보증금** : залог [잘록]
- **보험** : страхование [스뜨라허바니예]
- **추가요금** : дополнительный тариф [다뽈니쩰늬 따리프]
- **운전면허증** : водительские права [바지쩰스끼예 쁘라바]
- **고장** : неполадки [니빨라드끼]
- <u>도로지도</u> : дорожная карта [다로-쥐나야 까르따]
- **타이어** : резиновая шина [리지-너바야 쉬나]
- **밧데리** : батарея [바따레야]
- **엔진** : мотор [모또르]
- **브레이크** : тормоз [또르모스]
- **사고** : авария [아바리야]
- **수리** : ремонт [리몬뜨]

모스크바강을 지나는 ▶
유람선

모스크바와 같은 대도시에서는 지하철, 트롤리버스, 전차 등을 자유롭게 이용할 수 있으며, 대중교통 이용시 가능한 2~3인 이상이 동행하는 것이 안전하다.

K 차를 빌리고 싶습니다.

야 하추- 브쟈-찌 나쁘라깟- 마쉬-누
Я хочу взять напрокат машину.

F 얼마동안요?

나 까꼬-이 스록-
На какой срок?

K 일주일간이요.

나 아드누- 니젤-류
На одну неделю.

차를 공항으로 갖다드려도 될까요?

모-쥐너 아스따비-찌 마쉬-누 브 아에로뽀-르뚜
Можно оставить машину в аэропорту?

F 문제 없습니다.

까녜쉬너
Конечно.

K 임대료는 얼마입니까?

스꼴-꺼 스또잇 쁘라깟
Сколько стоит прокат?

F 100루블의 보증금 포함해서 일주일에 500루블입니다.

잘록 스또 루블레이 쁠라따 자 쁘라깟 나
Залог сто рублей. Плата за прокат на

니젤류 뼷지쑷 루블레이
неделю пятьсот рублей.

시베리아 철도의 서쪽 종착역인 ▶
야로슬라블역

교통

버스/지하철

러시아의 교통 주역인 метро(지하철)는 시내 곳곳과 대부분의 관광명소, 교외까지 연결하며 이와 함께 버스노선도 발달하여 훌륭한 보조수단이 된다. 'M'표시의 지하철은 탈 때만 개찰구를 통과한다.

 자주 쓰이는 표현 

Ⓠ **프스꼬프행 첫 차가 몇 시에 떠납니까?**

바 스꼴―꺼 앗쁘라블랴엣쨔 뻬르븨 아프또부쓰 브 쁘스꼬프

Во сколько отправляется первый автобус в Псков?

⇨ **7시입니다.**

브 셈 치소프

В семь часов.

· **다음**　슬례두유쒸　следующий

· **마지막**　빠슬례드니이　последний

Ⓠ **표 한 장 주세요.**

아진 빌롓 빠좔스따

Один билет, пожалуйста.

⇨ **여기 있습니다.**

봇 빠좔스따

Вот, пожалуйста.

· **버스표**　아진 딸론　Один талон

· **노선도**　아드누 뜨란스뽀르뜨누유 스혜무　Одну транспортную схему

 유용한 표현 

K [버스정류장 / 지하철역]이 어디 있습니까?
그졔 나호-짓쨔 아스따노-프까 [아프또부-싸 / 스딴찌이 미뜨로]
Где находится остановка [автобуса / станции метро]?

K 버스 안에서 표를 살 수 있습니까?
모-쮜너 꾸삐찌 빌례띄 브 아프또부-쎄
Можно купить билеты в автобусе?

K 볼쇼이극장까지 몇 정거장입니까?
스꼴-꺼 아스따노-벅 다 발쇼버 찌아뜨라
Сколько остановок до Большого театра?

⇨ 두 정거장입니다.
드볘 아스따노-프끼
Две остановки.

K 지하철 노선표 주세요.
다이쩨 스혜무 미뜨로 빠좔스따
Дайте схему метро, пожалуйста.

K 어디서 [내려야 / 갈아타야] 합니까?
그졔 나더 [븨하지찌 / 삐리쎄스찌]
Где надо [выходить / пересесть]?

K 어느 방향에서 타야 합니까?
브 까꼬이 스또로누 나더 예하찌
В какой сторону надо ехать?

K 실례합니다. 내리세요? (문 옆에 서있는 사람에게)
이즈비니쩨 븨 븨호-지쩨
Извините, вы выходите?

⇨ 저도 내립니다.
야 븨하쥬-
Я выхожу.

- ◆ **버스** : автобус [아프또부쓰]
- ◆ **고속버스** : экспресс [엑스쁘례쓰]
- ◆ **버스역** : остановка [아스따노프까]
- ◆ **지하철(역)** : метро [미뜨로]
- ◆ **입구** : вход [브홋]
- ◆ **출구** : выход [븨홋]
- ◆ **방향** : направление [나쁘라블레-니예]
- ◆ **지하철표** : жетон [쥐똔]
- ◆ **버스표** : талон [딸론]
- ◆ **정기권** : проездной билет [쁘라예즈드너이 빌렛]
- ◆ **문** : дверь [드베리]
- ◆ **노선표** : транспортная схем [뜨란스뽀르따나야 스혜마]

교통

◀ 시베리아 철도를
횡단하는 러시아호

웅대한 자연을 배경으로 ▶
서서히 달리는 기차

K 실례합니다. 버스정류장이 어딘가요?

쁘라스찌-쩨 그제 아스따노-프까 아프또부싸
Простите, где остановка автобуса?

F 저쪽 흰 건물 앞입니다.

땀 뻬릿 벨름 즈다녬
Там, перед белым зданием.

K (운전사에게) 트레찌야코프 미술관에 갑니까?

에똣 아프또부쓰 이좟 다 뜨례쨔꼬프스꺼이 갈례례이
Этот автобус идет до Третьяковской
галереи?

F 예 타세요.

다 싸지쩨스
Да, садитесь.

K 트레찌야코프 미술관까지 몇 정거장입니까?

스꼴꺼 아스따노벅 다 뜨례쨔꼬프스꺼이 갈례례이
Сколько остановок до Третьяковской
галереи?

F 다섯 정거장입니다.

빠찌
Пять.

열차에서 ▶
독서를 즐기는
러시아인

숙박

ГОСТИНИЦА

이전의 러시아에서는, 외국인이 머무를 수 있는 호텔은 인튜리스트 계열의 호텔뿐으로 외국인의 숙박을 독점했지만, 현재는 세계 각국과 합병한 호텔들이 차차 들어서 숙박시설의 형태와 레벨도 많이 다양해지고 있다.

호텔의 종류

■ 고급 호텔

외국의 자본을 이용해서 건축하거나 재개발한 호텔로 요금은 제법 비싸지만, 도심부에 위치해 있어 편리하며, 서비스나 시설도 충실하다.

■ 인튜리스트 계열 호텔(국영)

이른바 인튜리스트 호텔로 한국에서 여행사를 통해서 예약도 가능하다.

■ 저렴한 호텔

호텔이라고 하기보다는 숙박소라고 부르는 것이 어울릴 듯한 호텔로 아파트나 대학의 학생관을 개조한 듯한, 요금이 싼 호텔이지만, 설비에 비해서는 요금이 높은 편이다.

실제로 러시아에서 숙박하는 것에 주의할 것은 호텔 내의 안전성이다. 최근에는 사회가 불안하여 문제가 많이 일어나는 추세이므로, 최소한 자신의 짐은 자신이 관리한다는 마음가짐이 중요하다.

러시아의 고급 호텔

정원	수영장
침실	회의실
레스토랑	

숙박

호텔은 대부분이 일급호텔이며 여러 등급의 호텔이 있으므로 선택의 여지가 있으며, 지방 소도시의 경우는 호텔이 선택의 여지가 없는 곳이 많다.

자주 쓰이는 표현 ●●●●●●●●●●●●●●●●●●● 

[Q] 어떤 방을 드릴까요?
까꼬이 노메르 브 쥘라이쩨
Какой номер вы желаете?

➡ 아침식사 포함된 방을 원합니다.
야 하쩰(라) 브 빨루치찌 꼼나뚜
Я хотел(а) бы получить комнату,

브 스또이모스찌 까또러이 브호짓 자프뜨락
в стоимость которой входит завтрак.

- **샤워** 즈 두쉠 с душем
- **욕실** 스 반너이 с ванной
- **화장실** 스 뚜알렛떰 с туалетом
- **전망이 좋은** 스하로쉼 비덤 с хорошим видом

[Q] 얼마나 숙박하실 예정입니까?
나 스꼴꺼 드녜이 브 두마이쩨 아스따나빗쨔
На сколько дней вы думаете остановиться?

➡ 3일간입니다.
나 뜨리 드냐
На три дня.

- **일주일** 나 니젤류 на неделю
- **10일** 나 지싸찌 드녜이 на десять дней

K 예약했습니까?
예스찔 리 우 바스 쁘리드바리쩰늬 자까스
Есть ли у вас предварительный заказ?

⇨ 김이라는 이름으로 방을 예약했습니다.
야 자브러니러발 나 이먀 낌
Я забронировал на имя Кима.

K 빈 방 있습니까?
예스찔 리 우 바스 스바보드늬예 나미라
Есть ли у вас свободные номера?

⇨ 죄송합니다만, 방이 없습니다.
이즈비니쩨 노 스바보드늬흐 나미로프 넷
Извините, но свободных номеров нет.

K 방을 볼 수 있겠습니까?
모쥐너 빠스마뜨례찌 꼼나뚜
Можно посмотреть комнату?

K 이 방이 마음에 드는데요.
므녜 느라빗쨔 에따 꼼나따
Мне нравится эта комната.

K 방을 바꾸고 싶습니다.
야 하쩰 븨 빠미냐찌 노메르 나 드루고이
Я хотел бы поменять номер на другой

K 방값을 지금 내야 합니까? 나갈 때 내야 합니까?
까그다 누쥐너 아쁠라찌찌 쑛
Когда нужно оплатить счет?

K 아침식사 포함입니까?
브끌류차엣짤 리 브 에뚜 쁠라뚜 스또이모스찌 자프뜨라까
Включается ли в эту плату стоимость завтрака?

K 몇 시에 문을 닫습니까?
까그다 자끄릐바엣쨔
Когда закрывается?

- ◆호텔 : ГОСТИНИЦА [가스찌니짜]
- ◆침실 : СПАЛЬНЯ [스빨냐]
- ◆프론트 : ВЕСТИБЮЛЬ [비스찌뷸]
- ◆안내 : СОПРОВОЖДЕНИЕ [싸쁘라바쥐제니예]
- ◆고객 : ГОСТЬ [고스찌]
- ◆비상구 : ЗАПАСНЫЙ ВЫХОД [자빠스늬 븨홋]
- ◆지하 : ПОДЗЕМНЫЙ [빳젬늬]
- ◆1층 : ПЕРВЫЙ ЭТАЖ [뻬르븨 이따쉬]
- ◆2층 : ВТОРОЙ ЭТАЖ [프따로이 이따쉬]
- ◆회원증 : ЧЛЕНСКИЙ БИЛЕТ [칠롄스끼 빌롓]
- ◆수하물보관소 : КАМЕРА ХРАНЕНИЯ [까메라 흐라녜니야]
- ◆열쇠 : КЛЮЧ [끌류치]
- ◆마스터키 : ЗАПАСНОЙ КЛЮЧ [자빠스너이 끌류치]
- ◆추가요금 : ДОПЛАТА [다쁠라따]
- ◆영수증 : КВИТАНЦИЯ [끄비딴찌야]
- ◆엘리베이터 : ЛИФТ [리프뜨]
- ◆계단 : ЛЕСТНИЦА [례스니짜]
- ◆샤워 : ДУШ [두쉬]
- ◆욕실 : ВАННАЯ [반나야]
- ◆욕조 : ВАННА [반나]
- ◆세면대 : УМЫВАЛЬНИК [우믜발닉]
- ◆화장실 : ТУАЛЕТ [뚜알롓]
- ◆로비 : ХОЛЛ [홀]
- ◆커피샵 : КАФЕ [까페]

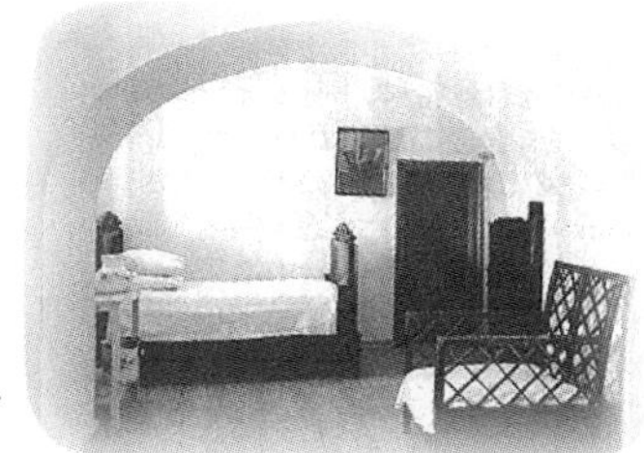

톨스토이 침실 ▶

K **욕실 딸린 방을 원합니다.**
야 하쩰 브 빨루치찌 꼼나뚜 스 반너이
Я хотел бы получить комнату с ванной.

F **며칠이나 계실 겁니까?**
스꼴꺼 드녜이 브 싸비라이쩨스 쁘라브찌 우 나스
Сколько дней вы собираетесь пробыть у нас?

K **오늘 하루만 묵을 것입니다.**
야 아스따나블류스 나 아진 젠
Я остановлюсь на один день.

F **아침식사 포함해서 하루밤에 100달러입니다.**
스또 돌러러프 자 아진 젠 스 자프뜨라껌
100 долларов за один день с завтраком.

K **지금 지불할까요?**
앗쁠라찌찌 씨차스
Оплатить сейчас?

F **그래 주시겠습니까?**
예슬리 밤 부짓 우도브너
Если вам будет удобно.

숙박부를 기입해 주세요.
쁘라슈 자뽈니찌 리스똑 들랴 쁘리예즈좌유쒸흐
Прошу заполнить листок для приезжающих.

열쇠는 여기 있습니다.
바지미쩨 빠좔루스따 끌류치 앗드 노메라
Возьмите, пожалуйста, ключ от номера.

 # 숙박

룸서비스

러시아의 호텔에는 각 층마다 서비스를 도와주는 담당 종업원 (제쥬르나야)이 있으므로, 이들에게 도움을 받는다.

자주 쓰이는 표현 ●●●●●●●●●●●●●●●●●●●● 

Q 여기 10호인데요. 베개 하나 더 갖다주세요.

에따 이즈 노메라 졔씨찌 쁘리니씨쩨
Это из номера **10**. Принесите,

빠좔스따 이쑈 아드누 빠두쉬꾸
пожалуйста, ещё одну подушку.

⇨ 네, 알겠습니다.

다 빠좔스따
Да, пожалуйста.

• **담요**	아드노 아지얄러 одно одеяло		• **포도주**	비노 вино
• **비누**	밀러 мыло		• **수건**	아드노 빨라쩬쩨 одно полотенце

Q 이것을 세탁해 주시겠습니까?

빠스찌라이쩨 빠좔스따 에찌 볘쒸
Постирайте, пожалуйста, эти вещи?

⇨ 네, 언제까지 해드리면 될까요?

까그다 밤 나더 쁘리녜스찌 볘쒸
Когда вам надо принести вещи?

• **수선하다**	빠치니쩨 почините	• **다리다**	빠글라지쩨 погладьте

K 내일 아침 6시에 깨워주시겠습니까?
라즈부지쩨 미냐 브 쉐이스찌 치쏘프 우뜨라
Разбудите меня в **6** часов утра.

K 방에서 아침식사를 하고 싶은데요.
야 하추 자까자찌 자프뜨락 브 노몌르
Я хочу заказать завтрак в номер.

K 외부에 전화하고 싶습니다.
야 하추 빠즈바니찌 이즈 가스찌니찍 브 고럿
Я хочу позвонить из гостиницы в город?

⇨ 8번을 누르십시오.
나쥐미쩨 보씸
Нажмите **8**.

K 저한테 온 메시지가 있습니까?
예스찔 리 쉬또니부지 들랴 미냐
Есть ли что-нибудь для меня?

K 팩스를 사용하고 싶습니다.
므녜 누줸 팍스
Мне нужен факс.

K T.V가 고장났습니다.
찔리비조르 녜 프끌류차엣쨔
Телевизор не включается.

F 죄송합니다. 고쳐드리러 가겠습니다.
이즈비니쩨 끄밤 씨차스 쁘리둣
Извините, к вам сейчас придут.

K 제 계산서에 올리세요.
프끌류차이쩨 에따 브 모이 숏
Включите это в мой счёт.

[K] **여보세요 여기 217호인데요.**

알로 에따 드베스찌 씸지쌋 노메르
Алло, это **217** номер.

내일 아침 7시에 좀 깨워주시겠습니까?

라즈부지쩨 미냐 브 쎔 치소프 우뜨라
Разбудите меня в **7** часов утра?

[F] **예 알겠습니다.**

다 빠좔스따
Да, пожалуйста.

[K] **그리고 내일 아침식사를 방에서 하고 싶습니다.**

야 하쪨 브 자프뜨라 우뜨럼 자프뜨락 브 노메례
Я хотел бы завтра утром завтрак в номере.

약 7시 반 경에요.

브 쎔 치소프 뜨릿짜찌 미눗
В семь часов тридцать минут.

[F] **또 필요한 것 없으십니까?**

밤 누쮜너 쉬또니부지 이쑈
Вам нужно что-нибудь ещё?

[K] **맥주 한 병 가져다주세요.**

쁘리녜씨쩨 부띨꾸 삐바
Принесите бутылку пива.

[F] **네, 알겠습니다.**

다 빠좔스따
Да, пожалуйста.

숙박

시설이용

대부분의 고급 호텔에는 레스토랑, 수영장, 바, 회의실과 같은 편의시설이 갖춰져있다.

 **자주 쓰이는 표현** 

Q 이 호텔에는 수영장이 있습니까?

예스찔 리 브 에떠이 가스찌니쩨 바쎄인
Есть ли в этой гостинице бассейн?

⇨ 네, 있습니다.

다 예스찌
Да, есть.

- **스낵바** 바르 бар
- **미장원** 쌀론 끄라싸띄 салон красоты

- **카지노** 까지노 казино
- **회의실** 잘 자쎄다니이 зал заседаний

Q 어떻게 해 드릴까요?

깍 바스 빠스뜨리치
Как вас постричь?

⇨ 짧게 깎아주세요.

빠스뜨리기쩨 미냐 까로뜨꺼
Постригите меня коротко.

- **층이지게** 그라두이러반노 градуированно
- **조금 더 짧게** 까로췌 короче

- **짧지 않게** 니 까로뜨꺼 не коротко

> **Q** **커트와 드라이** 해주세요.
>
> 빠스뜨리기쩨 이 울라쥐쩨 미냐 빠좔스따
> <u>Постригите и уложите меня</u>, пожалуйста.
>
> ⇨ **네, 알겠습니다.**
>
> 다 빠좔스따
> Да, пожалуйста.

- **퍼머**
  즈젤라이쩨 히미체스꾸유 자비프꾸
  Сделайте химическую завивку

- **샴푸**
  빠모이쩨 므녜 골러부
  Помойте мне голову

- **염색**
  빠끄라씨쩨 미냐
  Покрасьте меня

- **드라이**
  울라쥐쩨 미냐
  Уложите меня

우스뻴스끼 사원 ▶
1479년에 건축된 사원으로
사보르나야 광장에 위치해 있다.

K 회의실로 안내해 주십시오.
쁘라바지쩨 미냐 빠좔스따 브 잘 자쎄다니이
Проводите меня, пожалуйста, в зал заседаний.

K 식당은 어디에 있습니까?
그졔 나호짓쨔 례스따란
Где находится ресторан?

K 이것을 좀 맡겨 주십시오.
즈다이쩨 에따 빠좔스따 나 흐라녜니에
Сдайте это, пожалуйста, на хранение.

F 언제 돌아오십니까?
까그다 븨 베르뇨쩨스
Когда вы вернетесь?

K 시간 약속을 하고 싶습니다.
야 하쩰 븨 다가바릿쨔 오 브레메니 프스뜨레치
Я хотел бы договориться о времени встречи.

K 헤어스타일 책을 보여주십시오.
빠까쥐쩨 빠좔스따 쥬르날 쁘리치쏙
Покажите, пожалуйста, журнал причесок.

K 앞머리를 자르지 마세요.
니 싸스뜨리가이쩨 춀꾸
Не состригайте челку.

K 조금만 잘라 주십시오.
빠스뜨리기쩨 미냐 니 오친 까로뜨꺼 빠좔스따
Постригите меня не очень коротко, пожалуйста.

K 면도를 해 주십시오.
빠브레이쩨 미냐 빠좔스따
Побрейте меня, пожалуйста.

K 퍼머를 해 주십시오.
즈젤라이쩨 자비브구 빠좔스따
Сделайте завивку, пожалуйста.

- ◆로비 : холл [홀]
- ◆접수처 : регистрация [레기스뜨라찌아]
- ◆식당 : ресторан [레스따란]
- ◆스낵 바 : буфет, бар [부펫, 바르]
- ◆커피숍 : кафе [까페]
- ◆디스코 텍 : ночной клуб [나치노이 끌룹]
- ◆수영장 : бассейн [바쎄인]
- ◆미장원 : салон красоты [쌀론 끄라씨띄]
- ◆약국 : аптека [압쩨까]
- ◆회의실 : зал заседаний [잘 자쎄다니이]
- ◆약속 : обещание [아비쌰니예]
- ◆커트 : стрижка [스뜨리쉬까]
- ◆퍼머 : химическая завивка [히미체스까야 자비프까]
- ◆샴푸 : шампунь [샴뿐]
- ◆미용사 : парикмахер [빠리끄마혜르]
- ◆드라이 : укладка [우끌라드까]
- ◆드라이기 : фен [펜]
- ◆층이지게 : градуированный [그라두이러반늬]
- ◆앞머리 : челка [촐까]
- ◆염색 : краска [끄라스까]
- ◆곱슬머리 : кудрявые волосы
  [꾸드랴븨예 볼러싀]
- ◆생머리 : прямые волосы
  [쁘랴믜예 볼러싀]

호텔 바▶

[F] 어떤 스타일로 해 드릴까요?

깍 바스 빠스뜨리치
Как вас постричь?

[K] 머리모양을 바꾸려고 하는데요.

야 하추 이지메니찌 스찔
Я хочу изменить стиль.

충지게 커트를 하고, 붉은색으로 염색 해 주세요.

즈젤라이쩨 므녜 스뜨리쉬꾸 이 뻬리끄라씨쩨
Сделайте мне стрижку и перекрасьте

프 끄라스늬 쯔볫
в красный цвет.

[F] 퍼머를 하지 않겠습니까?

니 하찌쩨 즈젤라찌 자비프꾸
Не хотите сделать завивку?

[K] 아니오, 대신 샴푸를 해주세요.

넷 빠모이쩨 므녜 골러부 빠좔스따
Нет, помойте мне голову, пожалуйста.

[F] 알겠습니다.

다 빠좔스따
Да, пожалуйста.

중앙 꼭두각시 인형극장 ▶
건물에 있는 시계

# 숙박

호텔의 체크아웃 시간은 보통 10시~11시이다. 체크아웃을 할 때는 프론트의 회계에 가서 계산을 한다.

 **자주 쓰이는 표현** •••••••••••••••••••• 

Q 언제 체크아웃 하시겠습니까?
까그다 브 라쒸따이쩨스 자 가스찌니쭈
Когда вы рассчитаетесь за гостиницу?

⇨ 11시에 체크아웃 하겠습니다.
브 아지낫싸찌 치소프
В **11** часов.

- **오늘 오후** 씨보드냐 베체럼
  сегодня вечером
- **내일 아침** 자프뜨라 우뜨럼
  завтра утром
- **하루 일찍** 나 쑤뜨끼 란쉐
  на сутки раньше
- **하루 늦게** 나 쑤뜨끼 뽀즈줴
  на сутки позже

Q 하루밤 더 묵고 싶습니다.
야 하추 아스따나비쨔 이쑈 나 아진 쑤뜨끼
Я хочу остановиться ещё на одни сутки.

⇨ 좋습니다.
아 빠좔스따
Да, пожалуйста.

- **3일간** 나 뜨리 드냐
  на три дня
- **일주일** 나 니젤류
  на неделю
- **보름** 나 뼷낫짜찌 드녜이
  на пятнадцать дней
- **한 달** 나 몌씻
  на месяц

K 지금 체크아웃 할 수 있습니까?
모쥐너 라쒸땃쨔 씨차스
Можно рассчитаться сейчас?

⇨ 네, 할 수 있습니다.
다 모쥐너
Да, можно.

K 내일 아침 일찍 출발하려고 합니다.
야 라쒸따유스 자 가스찌니쭈 자프뜨라 우뜨럼
Я рассчитаюсь за гостиницу завтра утром.

K 가방을 3시까지 맡겨 주십시오.
야 하추 즈다찌 바가쉬 나 흐라녜니에 다 뜨리 치소프
Я хочу сдать багаж на хранение до 3 часов..

K 짐꾼을 불러 주십시오.
빠자비쩨 빠좔스따 나씰쒸까
Позовите, пожалуйста, носильщика.

K 택시를 불러 주십시오.
븨자비쩨 빠좔스따 딱씨
Вызовите, пожалуйста, такси.

F 불편한 점은 없었습니까?
밤 빠느라빌라스 가스찌니짜
Вам понравилась гостиница?

⇨ 잘 지냈습니다.
야 다볼나 쁘리븨바니엠 즈제시
Я довольна пребыванием здесь.

K 계산서를 주십시오.
쁘리가또비쩨 므녜 숏
Приготовьте мне счёт.

⇨ 여기 있습니다.
다 빠좔스따.
Да, пожалуйста.

◆체크아웃 : выезд из гостиницы
[븨예즈드 이즈 가스찌니찌]

◆숙박카드 : анкета [안꼐따]

◆회계원 : кассир [까씨르]

◆계산서 : счёт [쑛]

◆영수증 : квитанция [끄비딴찌야]

◆현금 : наличные [날리치늬예]

◆신용카드 : кредитная карточка
[끄레지뜨나야 까르또치까]

◆비자카드 : карточка VISA [까르또치까 비자]

◆짐꾼 : носильщик [나씰쒹]

◆불편 : неудобства [니우돕스뜨바]

▲ 러시아 전통인형 마트료시카

K 체크아웃 하겠습니다.
야 하쩰 브 라쒸따따
Я хотел бы рассчитаться.

F 방 번호가 어떻게 되십니까?
까꼬이 우 바스 노몌르
Какой у вас номер?

K 110호입니다.
모이 노몌르 스또 제씨찌
Мой номер 110.

F 400달러 입니다.
치띄리스따 돌러러프
400 долларов.

K 수표로 지불해도 되겠습니까?
모쥐너 아쁠라찌찌 치까미
Можно оплатить чеками?

F 그럼요. 열쇠를 주시겠습니까?
까녜쉬너 다이쪠 끌류치 빠좔루스따
Конечно. Дайте ключ, пожалуйста.

K 여기 있습니다. 택시를 불러 주세요.
봇 빠좔스따 븨자비쪠 딱씨
Вот, пожалуйста, вызовите такси.

F 잠시 후면 도착할 것입니다. 안녕히 가십시오.
스꼬러 부짓 딱씨 다스비다니야
Скоро будет такси. До свидания.

좋은 여행 되시길 바랍니다.
쁘리야뜨나버 뿌쩨쉐스뜨비야
Приятного путешествия!

숙박

기타 숙박시설

유스호스텔의 장점은 값이 저렴하고 세계 각국의 젊은이들을 많이 접할 수 있다는 것이다. 러시아의 경우는 페테르부르크 한 곳에만 유스호스텔이 있으며, 정회원이 아닌 준회원 국가이다. 하지만 이용은 가능하다.

자주 쓰이는 표현

Ⓠ **민박을 소개해 주십시오.**
빠레꺼멘두이쩨 빠잘스따 끄바르찌루
Порекомендуйте, пожалуйста, квартиру.

⇨ **호텔은 어떻습니까?**
깍 밤 가스찌니짜
Как вам гостиница?

- **기숙사** 압쉐쥐찌예 общежитие

Ⓠ **냄비를 빌리고 싶습니다.**
므녜 누쥐나 까스뜨률랴
Мне нужна кастрюля.

⇨ **또 필요한 것은 없습니까?**
쉬또니부지 이쑈 누쥐너
Что-нибудь ещё нужно?

- **칼** 노쉬 нож
- **성냥** 스삐치끼 спички
- **베개** 빠두쉬까 подушка
- **담요** 아지얄러 одеяло

 유용한 표현 

K 몇 시부터 접수 받습니까?

까그다 나치놋쨔 레기스뜨라찌야
Когда начинается регистрация?

F 회원증은 가지고 있습니까?

우 바스 예스찌 칠렌스끼 빌렛
У вас есть членский билет?

⇨ 회원증이 없는데요. 여기서 만들 수 있습니까?

넷 모쥐너 자삐쌋쨔 즈제시
Нет. Можно записаться здесь?

F 시트가 필요합니까?

밤 누쥐나 쁘라스띄냐
Вам нужна простыня?

K 요리를 해도 됩니까?

모쥐너 가또비찌
Можно готовить?

K 얼음을 얻을 수 있습니까?

우 바스 예스찌 룟
У вас есть лёд?

K 샤워는 어디에서 합니까?

그제 두셰바야
Где душевая?

K 짐은 어디다 둡니까?

그제 모쥐너 아스따비찌 베쒸
Где можно оставить вещи?

- ◆**민박** : квартира [끄바르찌라]
- ◆**회원증** : членский билет [칠렌스끼 빌렛]
- ◆**수화물 보관소** : камера хранения [까메라 흐라녜니아]
- ◆**시트** : простыня [쁘라스띄나]
- ◆**냄비** : кастрюля [까스뜨률라]
- ◆**주의** : внимание [브니마니예]
- ◆**샤워장** : душевая [두쉐바야]
- ◆**부엌** : кухня [꾸흐냐]

숙박

▲ 맘모스 호텔

▲ 인튜리스트 호텔

대부분 호텔방에는 미니바가 없으며 냉장고는 있으나 거의 빈채로 있다. 일급호텔의 경우 비누 및 수건 등은 비치되어 있으나, 그 이하급 호텔은 비치되어 있지 않은 경우가 있다.

K 2명이 묵을 방이 있습니까?

우 바스 예스찌 꼼나따 들랴 드바이흐
У вас есть комната для двоих?

F 예. 며칠 계실겁니까?

다 스꼴꺼 드녜이 븨 두마이쩨 쁘라븨찌 우 나스
Да, сколько дней вы думаете пробыть у нас?

K 이틀이요. 하루밤에 얼마입니까?

드바 드냐 스꼴꺼 스또잇 에똣 노메르 브 쑤뜨끼
Два дня. Сколько стоит этот номер в сутки?

F 1인당 60루블에, 시트 대여비 15루블입니다.

스 아드나보 칠라볘까 쉐이스찌지샷 루블례이
С одного человека шестьдесят рублей,

자 쁘라스뗸 삣낫짜찌 루블례이
за простынь пятнадцать рублей.

K 저희 시트가 있습니다.

우 나스 예스찌 스바야 쁘라스띄냐
У нас есть своя простыня.

F 좋습니다. 샤워와 화장실은 각 층에 하나씩 있습니다.

하하쇼 두쉐바야 이 뚜알렛 나 까쥐돔 이따줴
Хорошо. Душевая и туалет на каждом этаже.

예, 너무 시끄럽게 하지 말아 주세요.

빠좔스따 니 슈미쩨
Пожалуйста, не шумите.

러시아 식당에서는 러시아 특유의 음식을 맛볼 수 있다. 하지만 같은 러시아 요리라고 해도 민족마다 꽤 차이가 있어서, 모스크바에는 러시아 요리점 외에, 각 민족 요리점이 있다. 러시아 고유 음식으로는 고기 및 생선젤리, 양배추 수프, 진한 수프, 찬 수프, 버터사우어 크림을 곁들인 팬케익, 캐비어, 파이, 비프스트로가노프 등이 있다.

러시아 내 몇몇의 대도시에는 한국음식점이 있어서 우리의 음식이 그리울 때는 언제든지 맛볼 수 있으며, 미국 fast food 음식점도 있어서 간단하게 식사를 때울 수도 있다.

고급 레스토랑

러시아 요리 레스토랑에서는, 일정한 순서로 하나씩 요리가 나온다. 그리고, 먹는 속도를 보면서 약간의 시간을 두고 음식이 나오므로, 레스토랑에서의 식사는 어느 정도 시간이 걸린다고 생각하는 것이 좋다. 음식이 나오는 순서는 「전채 → 스프 → 고기나 생선요리 → 디저트 → 식후 음료순」이다.

이용 방법

빵은 특별히 주문하지 않아도 전채와 함께 나오는 것이 보통이다. 또한, 각 테이블마다 웨이터나 웨이츄리스가 결정

되어 있으며, 용건이 있을 때는 모두 주문을 받은 사람에게 부탁하도록 되어 있다.

각 레스토랑은 사전에 예약을 해두는 것이 바람직하며, 대부분은 호텔에서 가르쳐 주지만, 루블과 외화 양쪽을 사용할 수 있는 레스토랑은, 예약 때 어느 쪽인가를 말해두는 편이 좋다. 지불은 테이블 담당 종업원에게 테이블에서 지불한다. 팁은 청구서 안에 포함되어 있으므로, 특별히 주지 않아도 좋다.

러시아 요리

전통적인 러시아 요리의 특색이라고 하면, 보르시치로 대표되듯이, 비교적 조리법이 단순하고, 소박한 맛이 나는 것이 많다. 이것은 러시아의 기후조건과 관련이 있는데, 혹독한 겨울의 추위를 나기 위해 각 가정마다 벽난로가 있어서 이것을 이용한 단순한 요리법이 많아졌다 이후, 유럽의 문화를 받아들이는 서구화정책에 의해, 유럽의 조리법도 보급되고, 지금은 다양한 요리법이 등장하였다.

■ 보르시치

캐비츠를 주요 도구로 해서 토마토나 순무를 이용해서 만든 스프가 보르시치이다. 원래는 가정요리였지만, 모스크바에서는 보통 소시지 등이 첨가된다.

■ 샤시릭

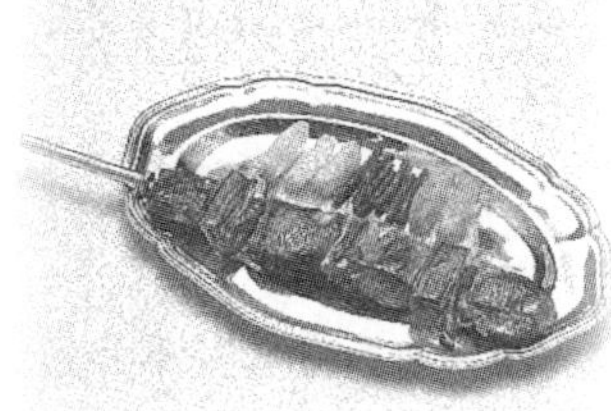

고기와 야채를 함께 구운 바비큐 요리로, 많은 레스토랑의 메뉴에 들어있다. 소고기, 돼지고기, 양고기 등으로 만들 수 있다.

■ 비프스트로가노프

소고기를 하얀 샤워크림과 함께
만들어 나오는 것이
비프스트로가노프이다. 고기요리
또한 맛을 내는 방법이 단순해서
담백한 고기의 맛을 느낄 수 있다.

알코올류

식사를 하면서 마실 수 있는 술은, 역시 보드카가 압도적이지만
세련된 레스토랑 등에서는 와인이나 맥주를 마실 수 있는 곳도
점차 늘고 있다. 주문 방법은 보드카나 와인의 경우, 병으로
시키거나 그램으로 시킬 수 있는데 100g이라고 하면 대충 반 컵
정도이다. 맥주는 병이나 캔 이외에 생맥주를 마실 수 있는
곳도 많이 생겼다.

■ 보드카

러시아에서 「술」하면 보드카를 말하는 것이라고 생각해도 좋다.
맥주, 와인, 코냑 등 여러 가지 술이 있지만 일반적으로 잘
마시는 것은 보드카로 알코올 도수는 40% 이상이다.
보드카는 차가운 것이나 뜨거운
것이나 스트레이트로 마신다.
마시는 방법은 간단하다. 컵을 가득
채운 채, '후-!'하고 숨을 한번
들이킨 뒤 단숨에 쭉 들이마시면
된다. 또한 여럿이서 함께 마실
때에는 보통 서로를 위해서 건배
문구를 외치고 마시는 것이
당연하게 생각되어진다.

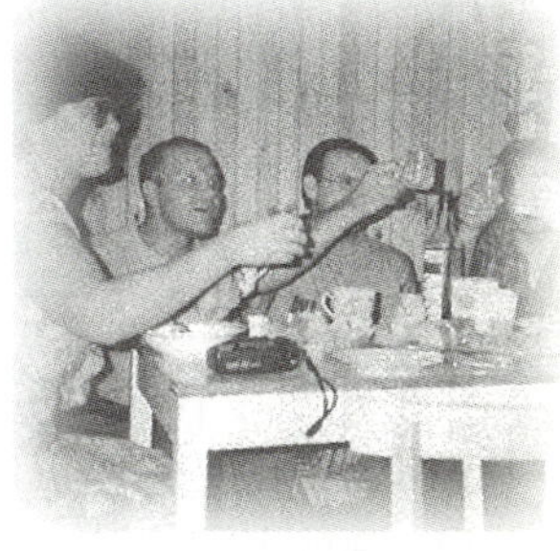

단, 거리나 가판대에서 파는 싸구려 술은 절대 사서 먹지 말 것.
상표는 유명 브랜드 있지만 자가 양조음료로 다시 채워져 있을
경우가 많고, 몸에 좋지 않다.

■ 코냑

식사와 함께 마실 때도 있으며, 홍차나 커피에
넣어 마실 때도 있다. 유명한 것은 알마니아산
브랜디로 가격이 특별히 비싸지 않으므로
시험삼아 마셔보는 것도 괜찮다.
코냑

■ 와인

구소련에서 와인이라고 하면,
크리미아반도, 몰도바,
구루지야산이 유명했다. 모두
특산물이 되었으므로 지금은
와인이라고 하는 것은 없다.

각각의 나라의
러시아산
◀ 와인

■ 맥주

맥주도 러시아아인들에게 사랑 받는 것들 중의 하나다. 목이 마를
때 마시는 물과도 같이 생각된다.
맥주 하면, 발트 3국의 맥주를 들 수
있는데, 원래 독일의 문화권 아래에
있었고 페레스트로이카 이후도 독일과
친밀한 관계를 맺고 있기 때문에 이
지역의 맥주는 특히 맛이 있다.

디저트 · 음료

■ 디저트

러시아에서는 아이부터 어른까지 좋아하는
것이 「마로쥐노예」 라고 부르는
아이스크림이다. 유지방분이 많고 맛이
있어서, 러시아의 길을 걸어다니면 여름과
겨울 어느 때고 마로쥐노예를 먹고 있는
사람들을 볼 수 있다.

■ 커피

러시아 커피는 특별히 주문을 하지
않아도, 설탕을 넣어 나오는 커피가
있으므로 유의해야 한다. 그러나 요즘은
설탕을 넣지 않고 나오는 곳도 늘고 있다.

■ 물

수도에서 나오는 물은 바로 마시지 말고 가능한 생수를 사서
마시는 것이 바람직하다.

fast-food

■ Mcdonald′s

모스크바에서 처음 맥도날드가 생겼을
때 긴 행렬이 늘어서 큰 화제가 되었다.
캐나다와의 합병으로 1991년에 오픈
했을 때는 세계 제일의 크기를 뽐냈다.
지금도 행렬은 끊이지 않고 있으며
대부분의 사람들의 선 채로 먹고
나간다.

■ Pizza-Hut, KFC

피자헛에는 특별히 레스토랑형식의 코너가
있으며, 배달도 해 준다.

■ Русское бистро(루스꼬에 비스뜨로)

러시아 요리의 패스트푸드점이다. 고기,
캬배츠 등이 들어간 피로그, 피로시키,
시베리아 풍의 팬케잌 등의 러시아 요리를
패스트푸드로 먹을 수가 있다. 음료수도 물론 준비되어 있다.

영업시간

대부분의 레스토랑의 영업시간은 12:00~23:00까지가
일반적이다.

# 식사

레스토랑

고급 레스토랑은 미리 예약을 하지 않으면 자리가 없을 수도 있고, 가서 많이 기다려야 하므로 반드시 예약을 하고 가도록 한다. 또 가게의 분위기를 신경쓰는 고급 레스토랑에서는 정장차림을 요구한다.

 **자주 쓰이는 표현** ● ● ● ● ● ● ● ● ● ● ● ● ● ● ● ● ● ● 

Ⓠ **프라하레스토랑입니다.**
레스따란 쁘라가 즈드라스뜨부이쩨
Ресторан "Прага", Здравствуйте!

⇨ **두 사람 분 자리를 예약하려고 합니다.**
야 하추 자까자찌 스똘릭 나 드바이흐
Я хочу заказать столик на <u>двоих</u>.

바스끄리쎄니예 베체럼
· **일요일 저녁**　воскресенье вечером

씨보드냐 베체럼
· **오늘 저녁**　сегодня вечером

Ⓠ **넥타이를 매야 합니까?**
나더 븨찌 쁘리 갈스뚜께
Надо быть <u>при галстуке</u>?

⇨ **아닙니다. 그럴실 필요 없습니다.**
넷 니 나더
Нет, не надо.

브 삣좍께
· **상의**　в пиджаке　　· **치마**　브 윱께 в юбке

K 근처에 괜찮은 식당이 있습니까?

예스찔 리 쁘릴리치늬 례스따란 빠블리조스찌

Есть ли приличный ресторан поблизости?

K 6시에 예약을 하고 싶습니다.

야 하추 자까자찌 스똘 나 쉐이스찌 치쏘프

Я хочу заказать стол на шесть часов.

K 창가의 좌석을 예약하고 싶습니다.

야 하추 자까자찌 스똘 우 아끄나

Я хочу заказать стол у окна.

⇨ 죄송합니다. 좌석이 모두 예약되었습니다.

이즈비니쩨 프쎄 메스따 우줴 자브러니로반늬

Извините, все места уже забронированы.

F 몇 분이십니까?

스꼴꺼 칠라벡

Сколько человек?

⇨ 세 사람입니다.

뜨로에

Трое.

K 몇 시까지 가야합니까?

다 스꼴끼 나더 쁘리이찌

До скольки надо прийти?

⇨ 7시까지 오십시오.

다 씨미 치쏘프

До семи часов.

F 저녁식사는 7시부터입니다.

우쥔 스 씨미 치쏘프

Ужин с семи часов.

F 정장을 하고 오십시오.

쁘리하지쩨 프 가스쮸메 빠좔스따

Приходите в костюме, пожалуйста.

식
사

- ◆ 식당 : ресторан [레스따란]
- ◆ 프랑스식당 : французкий ресторан [프란쭈즈스끼 레스따란]
- ◆ 이태리식당 : итальянский ресторан [이딸리얀스끼 레스따란]
- ◆ 중국식당 : китайскйй ресторан [끼따이스끼 레스따란]
- ◆ 일본식당 : японский ресторан [이뽄스끼 레스따란]
- ◆ 한국식당 : корейский ресроран [까레이스끼 레스따란]
- ◆ 카페테리아 : кафетерий [까페쩨리이]
- ◆ 패스트푸드점 : фест-фуд [페스뜨 푸두]
- ◆ 요리 : блюдо [블류다]
- ◆ 식사 : еда [예다]
- ◆ 아침식사 : завтрак [자프뜨락]
- ◆ 점심식사 : обед [아뱻]
- ◆ 저녁식사 : ужин [우쥔]
- ◆ 간식 : полдник [뽈드닉]
- ◆ 전채 : закуски [자꾸스끼]
- ◆ 주요리 : главное блюдо [글라브너에 블류더]
- ◆ 후식 : десерт [지쎄르뜨]
- ◆ 음료 : напиток [나삐떡]
- ◆ 향토 음식 : местное блюдо [메스드노에 블류더]
- ◆ 야채요리 : блюдо из овощей [블류더 이즈 오버쉐이]

러시아 고유음식으로는 고기 및 생선젤리, 양배추 스프, 찬 스프, 버터사우어크림을 곁들인 팬케익, 배비어, 파이 비프스트로가노프 등이 있다.

[F] 여보세요, 프라하 레스토랑입니다.

알로 레스따란 쁘라가
Алло, ресторан Прага.

[K] 오늘 밤 예약을 하고 싶은데요.

야 하추 자까자찌 스똘릭 나 베체르
Я хочу заказать столик на вечер.

[F] 몇 시에 오실 예정입니까?

브 까또럼 치쑤
В котором часу?

[K] 7시에 세 사람이 갈 예정입니다.

프 쎔 치소프 뜨리 칠라볘까
В семь часов,три человека.

[F] 저녁식사는 7시 30분부터입니다.

우쥔 나치나옛쨔 프 쎔 뜨리낫짜찌
Ужин начинается в семь тридцать.

그 밖에 특별한 것이 있습니까?

쉬또니부지 이쑈
Что-нибудь еще?

[K] 네, 창가 자리를 부탁합니다.

빠쁘라슈 메스떠 우 아끄나
Попрошу место у окна.

아이스크림 「마로쥐노에」를 ▶
구하기 위해 줄서있는 모습

식사

주문할 때 러시아어에 자신이 없으면 메뉴를 보고 손가락으로
자기가 먹고 싶은 것을 가리켜서 시키거나 옆 사람이 먹는
것과 같은 것을 주문하는 것도 하나의 방법이다. 종류에 따라
특히, 필요에 따라 주류나 음료수를 시킬 때 종류별로
가격차가 크므로 확실히 알아본 후 주문한다.

 **자주 쓰이는 표현** •••••••••••••••••••••• 

Ⓠ **무엇을 드시겠습니까?**

쉬또 븨 부지쩨
Что вы будете?

⇨ **이 레스토랑의 특별요리는 무엇입니까?**

까꼬에 피르멘너에 블류더 브 에떰 레스따라녜
Какое <u>фирменное блюдо</u> в этом ресторане?

메스뜨너에 블류더
• **향토요리**　местное блюдо

스삐찌알노에 블류더
• **오늘의 요리**　специальное блюдо

Ⓠ **고기는 어떻게 해서 드시겠습니까?**

깍 쁘라좌리찌 먀써
Как прожарить мясо?

⇨ **완전히 익혀 주십시오.**

하라쇼
Хорошо.

스레드녜
• **적당히 익힌 것**　средне

슬료흐까
• **덜 익은 것**　слегка

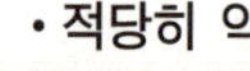

● 유용한 표현 ·······················

K 오늘의 요리는 무엇입니까?
까꼬에 씨보드냐 블류더
Какое сегодня блюдо?

F 주문 하시겠습니까?
븨 부지쩨 자까즤바찌
Вы будете заказывать?

⇨ 메뉴를 주십시오.
쁘리네씨쩨 메뉴 빠좔스따
Принесите меню, пожалуйста.

⇨ 나중에 주문 하겠습니다.
자까쥬 빠뽀즈줴
Закажу попозже.

⇨ 저것과 같은 요리를 하겠습니다.
쁘라슈 또 줴 싸모에 블류더
Прошу то же самое блюдо.

K 샐러드는 어떤 종류가 있습니까?
까끼에 예스찌 쌀라띄
Какие есть салаты?

K 이것을 주십시오.
쁘라슈 에떠
Прошу это.

K 두 병만 부탁합니다.
드볘 부띨끼
Две бутылки.

러시아 차▶

◆ 고기 : мясо [먀써]

◆ 쇠고기 : говядина [가뱌지나]

◆ 송아지고기 : телятина [찔랴찌나]

◆ 토끼고기 : мясо зайца [먀써 자이짜]

◆ 양고기 : баранина [바라니나]

◆ 새끼양고기 : барашек [바라섹]

◆ 등심 : вырезка [븨리스까]

◆ 새고기 : дичь [지취]

◆ 닭고기 : куриное блюдо [꾸리노에 블류더]

◆ 오리고기 : утиное мясо [우찌노에 먀써]

◆ 메추리고기 : перепел [뻬리뻴]

◆ 칠면조고기 : индейка [인제이까]

◆ 갈비 : грудинка [그루진까]

◆ 달팽이 : улитка [울리뜨까]

◆ 생선 : рыба [릐바]

◆ 게 : крабы [끄라븨]

◆ 해산물 : морские продукты [모르스끼에 쁘라둑띄]

◆ 바다가재 : морской лобстер [모르스꺼이 랍스쪠르]

◆ 대하 : моллюск [말류스끄]

◆ 굴 : устрица [우스뜨리짜]

◆ 연어 : кета [꼐따]

◆ 참치 : тунец [뚜녜쯔]

F 주문하시겠습니까?
비 부지쩨 자까즈바찌
Вы будете заказывать?

K 이 지방의 향토요리는 무엇이 있습니까?
까꼬에 메스뜨노에 블류더 예스찌 브 에떰 레스따라녜
Какое местное блюдо есть в этом ресторане?

저는 이것으로 하겠습니다.
야 빠쁘로부유 에떠
Я попробую это.

F 디저트를 드시겠습니까?
하찌쩨 지쎼르쓰
Хотите десерт?

K 네, 초콜렛 무스 하나 주십시오.
다 다이쩨 쇼꼴랏
Да, дайте шоколад

F 샐러드는 무엇으로 하시겠습니까?
까꼬이 쌀랏 하찌쩨
Какой салат хотите?

K 토마토샐러드로 주세요.
다이쩨 쌀랏 이즈 빠미더러프
Дайте салат из помидоров.

식사

여행시 간단하고 경제적으로 식사를 할 수 있는 곳이 Буфет(간이식당)와 간이판매대이다. 제과점에서 파는 빵 종류도 내용물에 따라 가격이 달라지는 경우도 있다.

자주 쓰이는 표현 

Q 겨자소스를 주세요.

다이쩨 가르치쭈 빠좔루스따
Дайте <u>горчицу</u>, пожалуйста.

⇨ 그 밖에는요?

쉬또니부지 이쏘
Что-нибудь еще?

- **케첩** 껫춥 кетчуб
- **마요네즈** 마요네스 майонез
- **잼** 바례니에 варенье
- **버터** 마슬로 масло

Q 양파는 빼고 주십시오.

네 끌라지쩨 룩 빠좔스따
Не кладите <u>лук</u>, пожалуйста.

⇨ 알겠습니다.

하라쇼
Хорошо.

- **상치** 라뚝 латук
- **토마토** 빠미도르 помидор
- **치즈** 씌르 сыр
- **햄** 빗치나 ветчину

K 햄버거와 콜라를 주십시오.
다이쩨 감부르계르 이 꼴루 빠좔스따
Дайте гамбургер и колу, пожалуйста.

F 가지고 갈겁니까?
밤 자베르누찌
Вам завернуть?

⇨ 가지고 갈 겁니다.
다 자베르니쩨
Да, заверните.

K 빨대는 어디에 있습니까?
그졔 뜨루버취끼
Где трубочки?

K 전부 얼마입니까?
스꼴꺼 프쏘 스또잇
Сколько все стоит?

K 휴지통은 어디에 있습니까?
그졔 무쏘르노예 베드라
Где мусорное ведро?

K 앉을 곳이 있습니까?
몌스떠 스바보드너
Место свободно?

K 이 자리에 앉아도 됩니까?
모쥐너 자냐찌 에떠 몌스떠
Можно занять это место?

⇨ 네, 앉으십시오.
다 싸지쩨시
Да, садитесь.

◆ 채소 : овощи [오버쒸]

◆ 당근 : морковь [마르꼬비]

◆ 버섯 : грибы [그리븨]

◆ 배추 : капуста [까뿌스따]

◆ 꽃배추 : кольраби [깔라비]

◆ 오이 : огурец [아구레쯔]

◆ 시금치 : шпинат [쉬삐낫]

◆ 무 : редька [레지나]

◆ 양파 : лук [룩]

◆ 쌀 : рис [리스]

◆ 감자 : картофель [까르또펠]

◆ 햄버거 : гамбургер [감부르계르]

◆ 핫도그 : хот-дог [핫독]

◆ 소시지 : колбаса [깔바싸]

◆ 샌드위치 : бутерброд [부쩨르브랏]

◆ 피자 : пицца [삣짜]

◆ 스파게티 : спагетти [스빠게띠]

◆ 치킨 : курица [꾸리짜]

◆ 튀긴 감자 : картофель фри [까르또펠 프리]

◆ 우유 : молоко [말라꼬]

◆ 콜라 : кола [꼴라]

◆ 사이다 : сидр [씨드르]

◆ 생수(生水) : минеральные воды [미녜랄늬예 바듸]

◆ 냅킨 : салфетки [쌀폐뜨끼]

◆ 포크 : вилка [빌까]

◆ 빨대 : трубочка [뜨루보취까]

◆ 셀프서비스 : самообслуживание [싸마압슬루쥐바니예]

▼ 비니그레뜨(샐러드의 일종)

[F] 어서 오십시오.
다브로 빠좔러바찌
Добро пожаловать!

[K] 햄버거 하나와 콜라를 주십시오.
다이쩨 감부르게르 이 꼴루
Дайте гамбургер и колу.

[F] 가져 가실 겁니까?
밤 자볘르누찌
Вам завернуть?

[K] 여기서 먹을 겁니다.
넷 야 부두 예스찌 즈제시
Нет, я буду есть здесь.

[F] 10루블 입니다.
제씨찌 루블레이
Десять рублей.

식
사

# 식사

러시아에서 팁은 의무사항이 아니다. 그러나 여행객이
자발적으로 성의를 표시하는 것은 무방하다.

 **자주 쓰이는 표현** •••••••••••••••••••••• 

Ⓠ **수표도 받습니까?**

브 쁘리니마이쩨 쳌끼
Вы принимаете <u>чеки</u>?

⇨ **물론입니다.**

까녜쉬너
Конечно.

• **신용카드**　　끄례지뜨누유 까르또취꾸
Кредитную карточку

• **여행자 수표**　　다로쥐늬예 쳬끼
Дорожные чеки

Ⓠ **무엇이 포함된 것입니까?**

쉬또 프꿀류차에쨔 브에뚜 쑴꾸
Что включается в эту сумму?

⇨ **세금 포함입니다.**

쁠라따 자 날로기
Плата за налоги.

• **팁**　　차이브예
Чаевые

• **서비스료**　　쁠라따 자 압슬루쥐바니예
Плата за обслуживание

K 선불입니까?
나더 쁠라찌찌 다 예듸
Надо платить до еды?

F 현금입니까? 수표입니까?
날리치늬예 일리 첵
Наличные или чек?

⇨ 여행자수표입니다.
다로쥐늬에 체기
Дорожные чеки.

K 전부 얼마입니까?
스꼴꺼 프씨보 야 돌줸 쁠라찌찌
Сколько всего я должен платить?

⇨ 계산서입니다.
바지미쩨 쑛
Возьмите счёт.

F 서비스료는 포함되지 않았습니다.
브에뚜 쑴꾸 니 브호짓 쁠라따 자 압슬루쥐바니예
В эту сумму не входит плата за обслуживание.

K 영수증을 주십시오.
븨삐쉬쩨 첵, 빠좔스따
Выпишите чек, пожалуйста.

K 잔돈이 틀립니다.
븨 니쁘라빌너 빠쒸딸리 멜러치
Вы неправильно посчитали мелочь.

K 각자 지불합시다.
까쥐듸 쁠라찌찌 자 씨뱌
Каждый платить за себя.

K 팁입니다.
바지미쩨 차예브이예
Возьмите чаевые.

K 계산서를 주십시오.
쁘리녜씨쩨 숏 빠좔스따
Принесите счёт, пожалуйста.

F 네, 잠깐 기다리십시오.
빠다쥐지쩨 미누뜨꾸 빠좔스따
Подождите минутку, пожалуйста.

* * * ,

F 현금입니까? 수표입니까?
날리치늬예 일리 첵
Наличные или чек?

K 여행자 수표도 받습니까?
븨 쁘리니마이쩨 다로쥐늬예 체끼
Вы принимаете дорожные чеки?

F 물론입니다. 여기에 서명해 주십시오.
까녜쉬너 라스삐쉬쩨스 즈졔시
Конечно, распишитесь здесь.

K 맛있게 먹었습니다.
븰라 오친 프꾸쓰나
Было очень вкусно.

F 감사합니다.
스빠씨바
Спасибо.

쒸 수또치늬예(수프의 일종)▶

메뉴 읽는 법

Спиртные напитки   식전술과 포도주

- Вишнёвая настойка(버찌술)
- Шампанское(샴페인)
- Коктейль(칵테일)
- Красное вино(적포도주)
- Водка(보드카)
- Настойка(과실주)
- Белое вино(백포도주)

Закуски   전채

- Ветчина(햄)
- Колбасы(소시지)
- Омлет(오믈렛)
- Пирог(만두)
- Икра(철갑상어 알)
- Копчёный лосось(훈제연어)
- Коктейл из креветок(새우칵테일)

▲ 뻴메니(만두의 일종)

Суп   수프

- Консоме(콩소메)
- Суп из овощей(야채수프)

Рыба   어류

- Лосось(연어)
- Краб(게)
- Лобстер(가재)
- Устрица(굴)

Мясо 육류

- Говядина(소고기)
- Свинина(돼지고기)
- Дичь(새고기)
- Индейка(칠면조고기)
- Бифштекс(비프스테이크)
- Телятина(송아지고기)
- Баранина(양고기)
- Курица(닭고기)
- Вырезка(등심)

Овощи 야채류

- Спаржа(아스파라거스)
- Грибы(버섯)
- Лук(양파)
- Зелёный горошек(완두콩)
- Помидор(토마토)

Десерт 디저트

- Фрукты(과일)
- Торт(케이크)
- Яблочный пирог(사과파이)
- Шоколадный торт(초코케이크)
- Морожное(아이스크림)
- Пирог(파이)

Приправа 조미료

- Масло(버터)
- Соль(소금)
- Уксус(식초)
- Чёрный перец(후추)
- сахар(설탕)
- Горчица(겨자)

쇼핑

▲ 모스크바 시내의 백화점

이전의 모스크바에서의 쇼핑은 베료스카(외화상점)에
한정되어 있었지만, 지금은 외국과의 합병가게가 늘어나면서,
쇼핑이 더욱 쉽게 되었다. 호텔에 있는 외화전문점 등에서
간단히 쇼핑을 하는 것도 좋지만, 새로운 체험을 한번 해보고
싶다면 백화점이나 벼룩시장 등에 가보는 것도 좋을 것이다.
러시아에서는 전통물건인 호박제품 및 목각인형(마트로슈까)이
유명하다. 상점은 보통 오전 9시경 개점하며, 오후 6~7시경
문을 닫으며 일요일은 대개 휴점한다.

상점가

■ 백화점

- **굼(GUM)백화점** : 국영백화점으로 모스크바의 붉은 광장에
  접해있는 것이 최대로, 1993년에 개업 100년이 되었다.
  세계 일류의 브랜드들은 거의 여기에서 살 수 있다.
  고가의 물건을 구입할 때는 출국시 필요할 지 모르므로
  영수증 등 증서를 반드시 보관해 두는 편이 좋다.

- **고스티니 드보르 백화점** : 소련 제2의 도시 레닌그라드에
  있는 백화점으로, 모스크바와 대조되는 오래된 건물들에서
  격동의 역사와 분위기를 느낀 후에 쇼핑하기에 좋은 장소이다.

■ 벼룩시장

매주 토요일과 일요일, 이즈
마이 로프 광장에 큰 시장이
선다. 지금은 확실한
관광명소로, 지하철
이즈마이로프스키·파크역을
나오자마자 시장이 시작된다.
처음에는 광장의 한편에 노점들이 있었던 것에 불과했으나 점점
지금의 모습으로 커졌다. 팔고 있는 물건도 아주 다양하고
풍부하다. 가격을 묻는 정도의 영어는 충분히 통한다.

구입 방법

'94년 1월부터 러시아 국내에 있어서, 달러 등의 외화에 의한
현금지불이 금지되었다. 가게에 따라서는 외화를 받는 곳도 있는
듯 하지만, 기본적으로 지불의 수단은 루블이나 신용카드이다.
종래의 외화 Shop 등에서는 「점내환율」 이라고 해서, 상점
내에서의 환율로 환산해서 루블을 지불하는 가게도 있다.
또한, 러시아식 쇼핑은 사고싶은 물건의 가격을 확인하고(종이에
써달라고 하면 좋다.) 카운터에서 대금을 지불하고 영수증을
받는다. 그리고 나서 그 영수증을 물건을 팔고 있는 사람에게
제시하고 물건을 받는 방법이다. 그러나 최근에는 물건을 직접
카운터로 가져가는 방법도 가능해지고 있다. 가격을 할인하는
곳도 많이 있으므로 용기를 가지고 시도해 보아도 좋다. 또한,
포장비를 별도로 받는 곳이 많이 있으므로 주의해야 한다.

영업시간

일반적으로는 오전 9시~10시에서 오후 7시까지 영업을 한다.
대부분의 상점이 일요일에는 문을 열지 않으며, 굼백화점은
연중무휴이다.

# 쇼핑

옷가게는 주로 대형 백화점에 있다. 야르미르까(한 달에 한번 정도 장소를 옮겨가며 열리는 시장)를 잘 이용하면 값싸고 질 좋은 물건을 구할 수 있다.

 자주 쓰이는 표현 

Ⓠ **무엇을 찾으세요?**
쉬또 브 하찌쩨
Что вы хотите?

⇨ **바지를 한 벌 사려고 합니다.**
야 하추 꾸삐찌 브류끼
Я хочу купить <u>брюки</u>.

- **쟈켓** 꼬프뚜 кофту
- **코트** 빨또 пальто
- **스웨터** 스비쩨르 свитер
- **흰 브라우스** 벨루유 블루스꾸 белую блузку

Ⓠ **마음에 드세요?**
밤 빠느라빌라스
Вам понравилось?

⇨ **좀 더 큰 것을 원합니다.**
야 하추 나 라즈몌르 볼셰
Я хочу <u>на размер больше</u>.

- **좀 더 작은** 나라즈몌르 몐셰 на размер меньше
- **좀 더 싼** 빠지셰블레 подешевле
- **좀 더 수수한** 빠쁘락찌치녜예 попрактичнее
- **좀 더 화려한** 빠끄라씨볘예 красивее

F **치수가 몇이세요?**
우 바스 까꼬이 라즈메르
У вас какой размер?

⇨ **38입니다.**
모이 라즈메르 뜨릿짜찌 보씸
Мой размер **38.**

F **치수가 얼마나 되세요?**
까꼬이 라즈메르 밤 누줸
Какой размер вам нужен?

⇨ **제 치수를 모릅니다.**
야 니 즈나유 스바이보 노메라
Я не знаю своего номера.

K **이 색깔이 마음에 들어요.**
므녜 느라비쨔 에뚯 쯔벳
Мне нравится этот цвет.

K **이 색깔이 마음에 안들어요.**
므녜 니 느라비쨔 에뚯 쯔벳
Мне не нравится этот цвет.

K **입어볼 수 있을까요?**
모쥐너 쁘리메리찌
Можно примерить?

⇨ **그럼요.**
까녜쉬너
Конечно.

K **너무 꽉 낍니다.**
에또 슬리쉬껌 쩨쓰너
Это слишком тесно.

K **너무 화려해요.**
슬리쉬꼼 브로스까
Слишком броско.

K 너무 수수해요.
에떠 슬리쉬껌 쁘로스떠
Это слишком просто.

K 다른 치수를 보여주세요.
빠까쥐쩨 빠좔루스따 드루고이 라즈메르
Покажите, пожалуйста, другой размер.

⇨ 잠깐 기다리세요.
빠다쥐지쩨 미누뜨꾸
Подождите минутку.

⇨ 남은 것이 있나 알아보겠습니다.
야 빠이슈
Я поищу.

K 탈의실이 어디입니까?
그제 쁘리메러취나야
Где примерочная?

K 거울이 어디에 있습니까?
그제 졔르깔러
Где зеркало?

K 다른 색깔은 없습니까?
넷들리 드루가보 쯔볘따
Нет ли другого цвета?

F 마음에 드세요?
밤 빠느라빌라스
Вам понравилось?

K 노란 원피스를 보여주세요.
빠까쥐쩨 본 또 좔떠에 쁠라찌에
Покажите вон то жёлтое платье.

⇨ 그 상품은 품절입니다.
우줴 프쑈 라스쁘라단나
Уже всё распродано.

쇼
핑

◆ **맞춤복** : платье на заказ [쁠라찌예 나 자까스]

◆ **기성복** : готовое платье [가또보에 쁠라찌예]

◆ **아동복** : детская одежда [제쯔까야 아제쥐다]

◆ **숙녀복** : женский костюм [줸스끼 까스쯈]

◆ **신사복** : мужской костюм [무쉬꺼이 까스쯈]

◆ **오버코트** : зимнее пальто [짐녜예 빨또]

◆ **코트** : пальто [빨또]

◆ **레인코트** : демисезонное пальто [제미씨존노에 빨또]

◆ **야회복** : вечернее платье [베체르녜예 쁠라찌예]

◆ **양복 상하의** : костюм [까스쯈]

◆ **상의** : пиджак [삣좍]

◆ **바지** : брюки [브류끼]

◆ **블라우스** : блузка [블루스까]

◆ **치마** : юбка [읍까]

◆ **원피스** : платье [쁠라찌예]

◆ **투피스** : платье-костюм [쁠라찌예 까스쯈]

◆ **스웨터** : пуловер [뿔로베르]

◆ **폴로티** : тенниска [쩬니스까]

물건만 있으면 ▶
무엇이든 팔 수 있다.

- ◆치수 : размер [라즈메르]
- ◆면 : хлопчатобумажная ткань [흘롭차떠부마쥐나아 트깐]
- ◆마 : льняная ткань [리냐나야 트깐]
- ◆모 : шерсть [쉐르스찌]
- ◆견 : шёлк [숄끄]
- ◆나일론 : нейлон [네일론]
- ◆긴 : длинный [들린늬]
- ◆짧은 : короткий [까로뜨끼]
- ◆큰 : большой [발쇼이]
- ◆작은 : маленький [말리끼]
- ◆소매 : рукав [루까브]
- ◆주머니 : карман [까르만]
- ◆두꺼운 : толстый [똘스띄]
- ◆가벼운 : тонкий [똔끼]
- ◆체크무늬의 : клетчатый [끌렛촤띄]

- ◆넥타이 : галстук [갈스뚝]
- ◆모자 : шапка [솨쁘까]
- ◆손수건 : носовой платок [나싸보이 쁠라뚝]
- ◆목도리 : шарф [솨르프]
- ◆스카프 : платок [쁠라뚝]
- ◆스타킹 : чулки [츌끼]
- ◆양말 : носки [나스끼]
- ◆브래지어 : бюстгальтер [뷰스뜨갈쩨르]
- ◆팬티 : трусы [뜨루씨]

- ◆갈색 : **коричневый** [까리치녜브]
- ◆검은색 : **чёрный** [쵸르느]
- ◆금색 : **золотой** [잘라또이]
- ◆흰색 : **белый** [볠리]
- ◆빨간색 : **красный** [끄라쓰느]
- ◆노란색 : **жёлтый** [죨띄]
- ◆초록색 : **зелёный** [질료느]
- ◆베이지색 : **бежевый** [볘쥐브]
- ◆보라색 : **фиолетовый** [피알례따브]
- ◆주홍색 : **оранжевый** [아란줴브]
- ◆회색 : **серый** [쎼리]
- ◆밤색 : **каштановый** [까쉬따노브]

러시아를 비롯한 유럽의 치수는 우리가 사용하는 치수와 다르다. 신발, 상의, 하의 치수가 거의 공용인데, 예를 들어 신발치수 235㎜, 신장 160～165㎝인 사람은 러시아식 치수로 44정도이다. 체구가 왜소한 사람은 옷을 살 때 특히 주의를 기울여야 맞는 치수를 구할 수 있다.

F 무엇을 찾으세요?

쉬또 밤 빠까자찌
Что вам показать?

K 흰색 블라우스를 찾습니다.

빠까쥐쩨 빠좔루스따 볠루유 블루스꾸
Покажите, пожалуйста, белую блузку.

F 이건 어떠세요?

밤 느라빗쨔 에떠
Вам нравится это?

K 별로예요.

니 느라비쨔
Не нравится.

F 그럼 이것은요?

아 에떠
А это?

K 예, 마음에 듭니다.

느라비쨔 야 비루
Нравится, я беру.

F 치수가 얼마시죠?

까꼬이 라즈몌르 븨 나씨쩨
Какой размер вы носите?

K 44입니다.

모이 라즈몌르 쏘럭 치띄리
Мой размер 44.

# 쇼핑

주로 향수, 보드카, 화장품, 보석의 일종인 호박 등을
면세점이나 전문점에서 선물로 많이 산다. 한꺼번에 왕창 사고
후회하는 수도 있으니 계획적으로 구입하는 게 좋겠다.

 ## 자주 쓰이는 표현 

Ⓠ 제 <u>남편</u>에게 줄 선물 하나를 사려고 합니다.

야 하추 꾸뻬찌 빠다록 들랴 무좌
Я хочу купить подарок для <u>мужа</u>.

⇨ 이것은 어떻습니까?

깍 밤 에떠
Как вам это?

• 부모님	라지쩰례이 родителей	• 남자친구	드루가 друга
• 아내	쮀늬 жены	• 여자친구	빠드루기 подруги

Ⓠ 이 지방의 특산물은 무엇입니까?

까끼예 메스뜨늬예 따바릐 쁘라이즈바쟈쨔
Какие местные товары производятся?

⇨ <u>보드카</u>입니다.

보드까
Водка.

• 바구니	까르지나 корзина	• 치즈	씌르 сыр
• 도자기	파르포르 фарфор	• 백포도주	벨로에 비노 белое вино

Q **향수 한 병을 사려고 합니다.**
야 하추 꾸삐찌 두히
Я хочу купить <u>духи</u>.

⇨ **남성용을 찾으세요, 여성용을 찾으세요?**
무쉬스끼예 일리 줸스끼예
Мужские или женские?

- **체취 제거제** 오데꼴론
  одеколон

- **오드 뜨왈렛** 뚜알렛뜨누유 보두
  туалетную воду

Q **반지를 사고 싶습니다.**
야 하추 꾸삐씨 깔쏘
Я хочу купить <u>кольцо</u>.

⇨ **어떤 보석으로 된 것을 원하세요?**
깔쪼 스 까낌 깜넴 브 하찌쩨 꾸삐찌
Кольцо с каким камнем вы хотите купить?

- **팔지** 브라슬렛
  браслет

- **목걸이** 아줴렐리예
  ожерелье

- **금반지** 잘라또에 깔쪼
  золотое кольцо

- **귀걸이** 쎼리기
  серьги

- **선글라스** 손녜치늬예 아취끼
  солнечные очки

 응용한 표현 

K 가장 가까운 기념품점은 어디입니까?

쁘라스찌쩨 예스찔 리 빠블리조스찌 수베니르늬 마가진
Простите, есть ли поблизости сувенирный магазин?

K 우편엽서를 파세요?

우 바스 예스찌 앗끄리띄
У вас есть открытки?

K 얼마입니까?

스꼴꺼 스또잇
Сколько стоит?

K 좀 더 작은 게 있습니까?

넷뜰리 빠 멘쉐
Нет ли поменьше?

K 이 가방을 좀 보여주세요.

빠까쥐쩨 빠좔루스따 에뚜 쑴꾸
Покажите, пожалуйста, эту сумку.

K 그냥 보기만 할께요.

야 하추 똘꺼 빠스마뜨례찌
Я хочу только посмотреть.

K 다른 것을 보여주세요.

빠까쥐쩨 드루고에
Покажите другое.

K 별로 마음에 들지 않군요.

므녜 녜 느라비쨔
Мне не нравится.

K 개점 시간은 언제입니까?

까그다 앗끄리바에쨔 마가진
Когда открывается магазин?

K 폐점 시간은 언제입니까?

까그다 자끄리바에쨔 마가진
Когда закрывается магазин?

- **목걸이** : ожерелье [아졜렐리예]
- **약혼반지** : обручальное кольцо [아브루찰노에 깔쪼]
- **결혼반지** : свадебное кольцо [스바셰브노에 깔쪼]
- **넥타이핀** : булавка к галстуку [불라프까 끄 갈스뚜꾸]
- **커프링크** : запонки [자뽄끼]
- **보석** : драгоценности [드라가쪠너스찌]
- **금** : золото [잘라또]
- **순금** : чистое золото [치스떠에 잘라또]
- **백금** : платина [쁠라찌나]
- **은** : серебро [씨리브로]
- **순은** : чистое серебро
  [치스떠에 씨리브로]
- **사파이어** : сапфир [쌉피르]
- **터키옥** : бирюза [비류자]
- **다이아몬드** : бриллиант
  [브릴리안뜨]

- **루비** : рубин [루빈]
- **산호** : коралл [까랄]
- **에메랄드** : изумруд [이주므룻]
- **시계** : часы [치씌]
- **시계줄** : ремешок для часов [리미속 들랴 치쏘프]
- **향수** : духи [두히]
- **백화점** : универмаг [우니베르막]
- **면세점** : магазин беспошлинных товаров
  [마가진 볘스뽀쉴린늬흐 따바로프]
- **조각** : скульптура [스꿀쁘뚜라]
- **장식품** : украшение [우끄라쉐니예]
- **벽걸이** : гобелен [가빌롄]

- **그림** : картина [까르찌나]
- **인형** : кукла [꾸끌라]
- **장난감 자동차** : миниатюрные автомобили
  [미니아쮸르늬예 아프따마빌리]
- **엽서** : открытка [앗끄릐뜨까]
- **우표** : марка [마르까]
- **기념품** : сувенир [쑤비니르]
- **특산물** : местный товар [메스뜨늬 따바르]
- **라이터** : зажигалка [자쥐갈까]
- **파이프** : трубка [뜨루브까]
- **선물** : подарок [빠다록]
- **모자코너** : отдел шляп [앗젤 쉴랴쁘]
- **세일** : скидка [스끼드까]
- **지하** : подземный [빳젬늬]
- **1층** : первый этаж [뻬르븨 이따쉬]
- **2층** : второй этаж [프따로이 이따쉬]
- **3층** : третий этаж [뜨례찌 이따쉬]

패션잡지▶

K **어머니에게 드릴 향수를 사려고 합니다.**

야 하추 꾸삐찌 두히 들랴 마쩨리
Я хочу купить духи для матери.

F **이것은 새로 나온 상품입니다.**

에떠 노븨예 두히
Это новые духи.

향기를 맡아보시죠.

빠뉴하이쩨
Понюхайте.

K **냄새가 좋군요.**

까꼬이 하로쉬 자빠흐
Какой хороший запах.

F **가격은 250달러입니다.**

드베스찌 삣지지샷 돌러러프
250 долларов.

K **너무 비싸네요.**

에떠 스또잇 슬리쉬껌 도러거
Это стоит слишком дорого.

F **좀 더 생각해 보고 결정하십시오.**

빠두마이쩨 이 리쉬쩨
Подумайте и решите.

면세점 물품

유럽, 중앙아시아, 중국대륙 등과 접경해 있는 광대한 대륙 - 러시아에서의 여행은 냉전시대 금단의 땅에 대한 새로운 만남, 유구한 역사와 문화를 간직하고 광대한 대륙의 갖가지 자연풍물 등을 한나라 안에서 만날 수 있는 나라이다. 우리 나라에 소개된 여행 코스로는 모스크바, 레닌그라드 5박 6일 코스가 주를 이루었으며, 레닌그라드를 경유하여 북유럽으로 여행하는 코스도 각광받고 있다. 국내의 시차가 9시간 이상이나 되는 광대한 나라이므로, 한번에 전부를 여행하는 것은 불가능하다. 포인트를 결정해서 계획을 세워야한다. 또한 국내 이동은 비행기로 하고 갈아타는 시간 등을 고려해서 일정을 여유 있게 잡는다. 모스크바에서 각 도시로의 정기편이 있다.

다양한 매력이 넘쳐나는 나라들

■ 모스크바와 상트·페테르부르크

크레뮬린을 중심으로 하는 수도 모스크바. 현재 격동의 시간을 지내고 있는 러시아를 느낄 수 있다. 이전에는 레닌그라드로 알려져 있던 고도 상트·페테르부르크. 옛날부터 황제나 예술가로부터 사랑 받았던 마을에는 엘미터쥬 미술관을 필두로 그들에게 연고된 것들이 지금도 다수 남아있다.

■ 넓은 대지 시베리아

자연의 보고 시베리아 초원을 시베리아 열차는 7시간만에 모스크바까지

달려간다. 한국과 관련이 깊은 사할린이나 블라디보스토크 등이
있다.

■ 우크라이나

우크라이나의 수도는 키에프이며, 흑해의 휴양지 오뎃사, 얄타는,
러시아 사람들도 여름 휴가지로 지내는 리조트다.

■ 하바로프스크

어디에 가더라도 이곳이 기점이 되는 교통의 요지에
위치함으로써 러시아 극동부 경제의 중심지가 되었다. 인구는
약 60만명. 하바로프스크라는 이름은 1649년에 이곳을 찾은
탐험가 에로페이·하바로프의 이름을 따서 붙였으며, 1893년
현재의 하바로프스크가 되었다. 역 앞 광장의 하바로프상은
이곳의 심볼이다. 서울~하바로프스크간 직항노선이 있다.

■ 블라디보스토크

러시아의 항만도시로, 극동 최대의 도시이다.

인구는 약 65만명
으로 제정러시아
시대부터 극동정책의
중요한 기지로써
발전했다. 1992년
1월에 개방된 이후
더욱더 크게
변화하고 있다.
블라디보스토크는

언덕이 많다. 도시의 중심에는, 중앙역, 시청, 우체국, 굼백화점
등 제정러시아 시대의 건물이 많아, 높은 곳에서 내려다보면
상당히 아름답다. 전망대에 한번 올라가 보는 것도 좋다.
서울~블라디보스토크간 직항노선이 있다.

꽃이 피는 봄부터 백야의 여름으로

■ 백야제

러시아의 해빙기는 5월. 라일락꽃이 피기 시작하면서 마을은

활기가 넘친다. 상트·페테르부르크는 다른 많은 북쪽
도시들처럼 6월이면 백야현상이 나타난다. 6월 백야의 계절에는
상트·페테르부르크 등에서 축제가 열리며 1년 중 최고의
계절이라 불리운다. 도시를 감싸는 진주빛 안개 속에서 흠 하나
없는 첨탑과 돔의 흑백 형상이 특히나 두드러지게 눈에 띄어
누구도 모방할 수 없는 실루엣을 형성하고 있다. 매일 수천
명의 관광객들이 이곳을 찾고 있으며, 잠시나마 접해보는
것만으로도 여러분은 이 도시를 좋아하게 될 것이다.

황금의 가을에서 예술의 겨울로

■ 예술제

8월말, 단풍이 아름다운 가을의 계절이 되었구나 생각하면 금방

겨울로 바뀐다. 러시아의 겨울은
춥고 길다. 그러나 '북국에는
겨울에 가라!'는 말이 있듯이,
겨울의 러시아에는 이 나라 자체의
아름다움이 있다.
뭐라 말해도 10월부터 시작되는

예술제가
있는데
본고장의 발레,
오페라를
화려한
극장에서
감상할 수 있다.

▲ 극장 프로그램과 티켓

관광

러시아 여행은 관광을 포함한 유구한 역사와 각종 예술문화를 함께 체험할 수 있도록 한다.

 **자주 쓰이는 표현** •••••••••••••••••••• 

Q 단체관광이 있습니까?

예스찔 리 그루빠바야 엑쓰꾸르씨야
Есть ли групповая экскурсия?

➡ **물론입니다.**

까녜슈노
Конечно.

- **유람선 관광**　엑쓰꾸르씨야 나 찌쁠라호제
  экскурсия на теплоходе

- **가이드관광**　엑쓰꾸르씨야 스기돔
  экскурсия с гидом

- **크렘린관광**　엑쓰꾸르씨야 빠 끄례믈류
  экскурсия по Кремлю

Q 이 도시에서 가볼 만한 곳을 추천해주세요.

쉬또 모쥐너 아스마뜨례찌 베똠 고러제
Что можно осмотреть в этом городе?

➡ **붉은 광장에 가보세요.**

스하지쩨 나 크라스누유 쁠로샤지
Сходите на Красную площадь.

- **볼쇼이극장**　브 발쇼이 찌아뜨르
  в Большой театр

- **아르바뜨 거리**　나 울리쭈 아르밧
  на улицу Арбат

K 관광안내소가 어디에 있습니까?
그제 나호지쨔 뚜리스찌체스꺼예 뷰로
Где находится туристическое бюро?

K 시내 지도를 한 장 주세요.
다이쩨 빠좔스따 까르뚜 고러다
Дайте, пожалуйста, карту города.

K 몇 시에 시작되지요?
바 스꼴꺼 나치나예쨔 엑쓰꾸르씨야
Во сколько начинается экскурсия?

K 모스크바 시의 지도가 필요합니다.
므녜 누쥐나 까르따 마스끄븨
Мне нужна карта Москвы.

K 박물관은 몇 시에 문을 닫죠?
바 스꼴꺼 자끄르바예쨔 무제이
Во сколько закрывается музей?

K 도시 중심부를 돌아보고 싶어요.
야 하추 아스마뜨레찌 쩬뜨르 고러다
Я хочу осмотреть центр города.

K 이 도시에서 가 볼만한 곳을 추천해 주세요.
쉬또 모쥐너 아스마뜨레찌 베똠 고러제
Что можно осмотреть в этом городе?

K 무슨 요일에 휴관합니까?
브 까꺼이 젠 녜젤리 브핟노이
В какой день недели выходной?

K 어디에서 예약할 수 있죠?
그제 모쥐너 다찌 자이프꾸 나 엑스꾸르씨유
Где можно дать заявку на экскурсию?

⇨ 여기에서 하실 수 있습니다.
즈제시
Здесь.

관광

유용한 표현

K 목요일 코스로 두 장 예약하겠습니다.

므녜 드바 메스따 나 엑스꾸르씨유 프 치뜨베르그
Мне два места на экскурсию в четверг.

K 크렘린을 방문하고 싶습니다.

야 하추 아스마뜨례찌 크례믈
Я хочу осмотреть Кремль.

K 하루 짜리 관광입니까?

에떠 아드나드녜브나야 엑스꾸르씨야
Это однодневная экскурсия?

⇨ 아닙니다. 아침시간에 하는 관광입니다.

녯 엑스꾸르씨야 쁘라보지쨔 우뜨럼
Нет, экскурсия проводится утром.

K 이 가격에 식비도 포함됩니까?

브 스또이머스찌 브호짓 삐따니예
В стоимость входит питание?

K 시간이 얼마나 걸리지요?

스꼴꺼 에떠 자이못 브례메니
Сколько это займет времени?

K 이곳에서 가장 오래된 건물은 무엇입니까?

그제 싸모예 스따린너예 즈다니예
Где самое старинное здание?

시간적인 여유와 언어의 어려움이 없다면 광활한 대륙의 유일한 교통수단이었던 열차여행도 좋다. 블라디보스토크에서 출발하여 시베리아를 횡단하여 모스크바에까지 이르는 장대한 거리를 철도로 여행하면서 각 지역마다의 특색을 경험할 수 있다.

- ◆전체관광 : туризм [뚜리즘]
- ◆관람, 구경 : осмотр [아스모뜨르]
- ◆유료 : платно [쁠라뜨너]
- ◆무료 : бесплатно [비스쁠라뜨너]
- ◆지도 : карта [까르따]
- ◆중심가 : центр [쩬뜨르]
- ◆역사적 유적지 : исторические места
  [이스떠리체스끼예 메스따]
- ◆분수 : фонтан [판딴]
- ◆거리 : улица [울리짜]
- ◆신 시가지 : новый город [노븨 고럳]
- ◆구 시가지 : старый город [쓰따릐 고럳]
- ◆가이드관광 : экскурсия с гидом
  [엑스꾸르씨야 쓰 기덤]
- ◆광장 : площадь [쁠로샤지]
- ◆유명한 : знаменитый
  [즈나메니띄]
- ◆역사적인 : исторический
  [이스따리체스키]

관광

149

K 지도를 한 장 주십시오.

다이쩨 므녜 까르뚜 빠좔스따
Дайте мне карту, пожалуйста.

가 볼 만한 곳이 어디입니까?

쉬또 모쥐너 아스마뜨례찌
Что можно осмотреть?

F 이삭 성당입니다.

이싸꼬프스끼 싸보르
Исааковский собор.

K 어떻게 가야 합니까?

깍 모쥐너 다예하찌
Как можно доехать?

F 버스를 타시면 됩니다.

나 아프또부쎄
На автобусе.

K 고맙습니다.

스빠시바
Спасибо.

SYMBOLS	
	Hotels
⑤	Currency exchange desks
✕	Restaurants, cafés
	Religious communities
✿	Museums
▲	Monuments
	Architectural monuments
	Theatres
	Concert halls
	Major libraries
	Department stores and specialized shops
✉	Post office
☎	Intercity telephone
⚬	Main sports facilities
✈	Air ticket booking offices
Ⓐ	Bus terminals
Ⓜ	Underground stations
	Sea terminal, piers
	Railway stations

관광

미술관, 박물관을 관람할 때는 가방이나 휴대품은 물품보관소에
맡겨야 한다. 하지만 관람 도중 목이 마르거나 배가 고플 것을
대비하여 물병이나 초콜릿 등을 넣은 작은 손가방은 지니고 있는다.

 **자주 쓰이는 표현** • • • • • • • • • • • • • • • • • • • 

Ⓠ **한국어로 된 안내서가 있습니까?**

예스찔리 스쁘라보치나야 끄니까 나 까레이스껌 이즈께
Есть ли справочная книга <u>на корейском</u>
<u>языкс</u>?

⇨ **여기 있습니다.**

다 즈제씨
Да, здесь.

- **영어**   나 앙글리스껌
 на английском
- **일본어**   나 이쁜스껌
 на японском
- **불어**   나 프란쭈즈스껌
 на французском
- **독일어**   나 녜몌쯔껌
 на немецком

Ⓠ **사진을 찍어주시겠어요?**

스파따그라피루이쪠 빠좔스따
Сфотографируйте, пожалуйста.

⇨ **좋습니다.**

하라쇼
Хорошо.

K 팜플렛은 어디에 있지요?

그제 모쥐너 빨루취찌 뿌찌바지쩰

Где можно получить путеводитель?

F 표를 보여주세요.

빠까쥐쩨 빌롓

Покажите билет.

F 가방 안에 무엇이 들어있죠?

쉬또 나호지쨔 브쑴꼐

Что находится в сумке?

F 여권은 몸에 지니세요.

나씨쩨 빠쓰뽀르뜨 싸보이

Носите паспорт с собой.

K 이 기념물은 언제 건축되었죠?

까그다 빌 바즈베죤 예똣 마누몐뜨

Когда был возведен этот монумент?

⇨ **13세기입니다.**

브 뜨리낫짜똠 볘꼐

В тринадцатом веке.

K 가이드 관광을 하고 싶습니다.

야 [하쩰(男) / 하쩰라(女)] 븨 기다 엑쓰꾸르싸보다

Я [хотел / хотела] бы гида-экскурсовода.

⇨ **죄송합니다. 한국인 가이드가 없어요.**

이즈비니쩨 노 우 나스 녯 기다 사즈나니옘 까례이스꺼버 이즈까

Извините, но у нас нет гида со знанием корейского языка.

F 사진 촬영이 금지되어 있습니다.

파따그라피러바찌 자쁘리쌰에짜

Фотографировать запрещается

- 표 : билет [빌렛]
- 가격 : цена [쩨나]
- 학생가격 : скидки для студентов
  [쓰끼드끼 들랴 스뚜젠떠프]
- 필름 : пленка [쁠룐까]
- 플래시 : вспышка [프스쁘쉬까]
- 사진기 : фотоаппарат [파따아빠라뜨]
- 건진지 : батарейка [바따레이까]
- 셔터 : кнопка [끄노프까]
- 가이드 : гид [기드]
- 통역 : перевод [뻬례보드]
- 안내설명서 : справочник-путеводитель
  [쓰쁘라버치닉 뿌쩨바지쪨]
- 박물관 : музей [무제이]
- 미술관 : музей искусств [무제이 이스꾸스뜨브]
- 물품보관소 : камера хранения [까메라 흐라녜니아]
- 검표원 : контролер [깐뜨랄료르]
- 입구 : вход [브호드]
- 출구 : выход [븨호드]
- 전시회 : выставка [븨스따브까]
- 교회 : церковь [쩨르꼬비]
- 성당 : собор [싸보르]
- 건축하다 : строить [쓰뜨로이찌]
- 들어가지 마시오 : вход воспрещен [브호드 바스쁘례숀]
- 만지지 마시오 : Не трогать [녜 뜨로가찌]

관
광

K 이 곳에서 가장 활기찬 구역은 어디죠?

그제 즈제씨 싸믜 아쥐블룐늬 라이온
Где здесь самый оживленный район?

F 아르바트거리입니다.

울리짜 아르바뜨
улица Арбат.

젊은이들이 많이 모이는 곳입니다.

에또 메스떠 그제 싸비라예쨔 므노거 말라죠쥐.
Это место, где собирается много молодежи.

햇빛이 나면 모두들 그 곳에서 즐기곤 합니다.

브 쏜녜츠늬예 드니 즈제씨 오친 므노거 류제이
В солнечные дни здесь очень много людей.

K 그곳에 어떻게 가야 하나요?

깍 모쥐너 다예하찌 다 에떠이 울리쯰
Как можно доехать до этой улицы?

F 지도가 있으시면 표시해 드릴게요.

예슬리 우 바스 예스찌 까르따 야 마구 빠까자찌
Если у вас есть карта, я могу показать.

쉽게 찾으실 거예요.

뷔 스모줴쩨 리흐꼬 나이찌
Вы сможете легко найти.

키오스크(가판대) ▶

러시아의 시민의 즐거움은 크게 나누어서 여름에는 교외, 겨울은 극장 구경이라고 할 수 있다. 여름에는 교외의 별장이나 사나트리뭄에 가서, 자연의 은혜인 일광욕을 즐긴다. 겨울은 길고 반년이 눈으로 덮여있는 나라이므로, 극장은 시민 최고의 오락장이 된다. 단지 보고, 듣는 것만이 아니리 시교장의 역할도 겸한다. 모스크바에는 극장만도 그 수가 50을 넘으며, 각 극장마다. 개성 있는 상연 프로그램을 가지고 있다. 특히 겨울은 러시아 예술제에서, 일류의 아티스트들이 경연한다. 러시아 발레 등을 직접 보면 그 감동도 더 한층 진하게 느낄 수 있다.

구입 방법

표를 사는 방법은 세 가지이다. 하나는 호텔 서비스에서 구입하는 방법으로 비교적 비싸지만 좋은 좌석을 얻을 수 있다. 두 번째는 직접 극장의 창구에서 사는 것이다. 7~10일 전 정도의 표밖에 없지만 비교적 좋은 좌석을 살 수 있다. 시간이 없는 사람은 시작 두 시간 전에 파는 당일권이나 여분의 표를 구할 수밖에 없다. 세 번째는 지하철 구내 등에 있는 「음악·극장 키오스크(가판대)」에서 구하는 방법이다. 여기서는 1개월 전부터의 표를 살 수 있지만, 좋은 좌석은 기대하지 않는 편이 좋다. 운이 좋으면 파는 장소에 따라서 때때로 좋은 좌석을 구할 수 있다. 또한, 서커스나 대중음악 콘서트는 비교적 구하기 쉽다.

발레 · 오페라

발레나 오페라 등의 무대예술을 관람하는
것은 러시아여행의 묘미와 분위기를 더
한층 느낄 수 있을 것이다.
러시아는 「레파토리 · 시스템」을 취하고
있기 때문에 거의 매일 공연이 변하므로
러시아에서 무대예술을 보고싶다면 우선
극장과 보고싶은 공연을 선택해야 한다.

스포츠

러시아의 인기스포츠 넘버원은 축구이다.
여름은 축구, 겨울은 아이스하키의 계절로,
최고의 인기를 얻고 있는 축구에는 클럽
팀이 많이 있으며, 「플레미어리그 · 1부리그
· 2부리그」의 3부분으로 나뉘어 시합을
한다.

디스코

젊은이들의 오락의 하나로, 부동의 인기를
지키고 있는 것이 디스코이다. 러시아인은
원래 춤추는 것을 좋아한다. 레스토랑에
가면 반드시 라고 해도 좋을 정도로 밴드의 연주회가 있는데 그

바로 앞의 빈 공간에서 춤을 추기도
한다. 또한 디스코나 레스토랑 같은
고급 장소에서 춤을 출 수 없는
학생들은 집에서 디스코를 추기도 한다.
친구의 생일파티가 열리면, 음악소리를
높이고 함께 춤을 즐기는 것이다.
외국인이 숙박하는 호텔의 로비에서
레스토랑이나 팝, 디스코클럽 등의 무료
정보지를 구할 수 있다.

 # 여흥

말을 못한다고 호텔에서만 저녁을 보낼 것이 아니라,
러시아에서 밤을 즐겨보는 일도 좋을 듯 하다. 유흥가나
술집에서는 외국인을 접대하는 여성이 있는 경우가 많다.

자주 쓰이는 표현 

Q 디스코텍에 가시겠습니까?

네 하찌쩨 스하지찌 나 디스까쩨꾸
Не хотите сходить на дискотеку?

➡ 좋은 디스코텍은 어디 있습니까?

다 그제 즈제씨 하로샤야 디스까쩨까
Да, где здесь хорошая дискотека?

- **카지노** 브 까지노
 в казино
- **술집** 브 바르
 в бар
- **영화관** 브 끼노찌아뜨르
 в кинотеатр
- **쇼** 나 쇼우
 на шоу

Q 당구 좋아하십니까?

븨 류비쩨 빌리아르드
Вы любите биллиард?

➡ 네, 매우 좋아합니다.

다 오친
Да, очень.

- **재즈** 좌즈
 джаз
- **볼링** 께겔반
 кегельбан
- **록** 록
 рок
- **노래방** 까라오께
 караоке

Ⓚ **저와 함께 디스코텍에 가시겠습니까?**
네 하찌쩨 빠이찌 사 믄오이 나 디스까쩨꾸
Не хотите пойти со мной на дискотеку?

Ⓚ **입장료는 얼마입니까?**
스껄꺼 스또잍 브호드
Сколько стоит вход?

Ⓚ **음료수값 포함입니까?**
나삐뜨끼 브호쟡 브 스또이모스찌
Напитки входят в стоимость?

Ⓚ **여성은 할인됩니까?**
젠쉬남 젤라유쨔 스낄끼
Женщинам делаются скидки?

⇨ **아니오, 할인 안됩니다.**
녯 스끼덕 녯
Нет, скидок нет.

Ⓚ **오늘밤엔 쇼가 있습니까?**
씨보드냐 노치유 부젯 쇼우
Сегодня ночью будет шоу?

Ⓚ **어떤 종류의 음악이 나옵니까?**
까까야 즈제씨 무즈까
Какая здесь музыка?

Ⓕ **저와 춤추시겠습니까?**
네 스딴쭈예쩰리 뷔 싸 믄노이
Не станцуете ли вы со мной?

Ⓕ **저는 당신에게 반했습니다.**
야 블류블론 브바스
Я влюблен в вас.

Ⓕ **미인이십니다.**
뷔 오체니 끄라씨브
Вы очень красивы.

- **디스코텍** : дискотека [디스까쩨까]
- **카지노** : казино [까지노]
- **술집** : бар [바르]
- **무대** : сцена [스쩨나]
- **파트너** : партнер [빠르뜨뇨르]
- **예쁜** : красивый / красивая [끄라씨븨(男) / 끄라씨바야(女)]
- **술** : спиртные напитки [쓰삐르뜨느예 나삐뜨끼]
- **맥주** : пиво [삐버]
- **와인** : вино [비노]
- **위스키** : виски [비스끼]
- **보드카** : водка [보드끼]
- **샴페인** : шампанское [샴빤스꺼예]
- **칵테일** : коктейль [깍떼일리]
- **음료** : напитки [나삐뜨끼]
- **춤추다** : танцевать [딴쩨바찌]

▲ 민속의상을 입고 춤을 추는 소년들

F 안녕하세요.

즈드라브스뜨부이쩨
Здравствуйте.

K 안녕하세요, 입장료가 얼마입니까?

즈드라브스뜨부이쩨 즈껄꺼 스또잇 브호드
Здравствуйте, сколько стоит вход?

F 오늘밤은 여자 분들에게 공짜입니다.

씨볻냐 줸시남 베스쁠라뜨너
Сегодня женщинам-бесплатно .

대신 음료는 유료입니다.

나삣끼 쁠랏너
Напитки-платно.

K 가방을 맡아주시게습니까?

모쥐노 아쓰따비쩨 쑴꾸
Можно оставить сумку?

F 네, 여기에 맡겨도 됩니다.

다 까네쉬너 모쥐쩨 아스따비쩨 쑴꾸 즈제시
Да, конечно. Можете оставить сумку

здесь.

K 잠깐만요, 뭐 꺼낼 것이 있는데요.

미눋꾸 뮈녜 꼬예쉬또 누쥐너 브쟈찌
Минутку, мне кое-что нужно взять.

F 좋은 저녁 되십시오.

쥴라유 쁘리얏너 쁘라베스찌 브레먀
Желаю приятно провести время.

# 여흥

러시아에서는 여름에는 축구와 겨울에는 아이스하키가 대단히
사랑을 받는다.

 **자주 쓰이는 표현** •••••••••••••••••••• 

Q **무엇을 하고 싶습니까?.**

쳄 븨 하찌쪠 자냐쨔
Чем вы хотите заняться?

⇨ **축구 경기를 보고 싶습니다.**

아 하쪨 븨 빠세찌찌 풋폴늬 마츠
Я хотел бы посетить <u>футбольный</u> матч.

	베이스볼늬		발레이볼늬
• **야구**	бейсбольный	• **배구**	волейбольный
• **농구**	баскетбольный	• **테니스**	теннисный
	바스켓볼늬		떼니스늬

Q **스키를 탈 수 있습니까?**

모쥐노 까따쨔 날르좌흐
Можно <u>кататься на лыжах</u>?

⇨ **아니오, 아직은 안됩니다.**

넷 이쇼 넬쟈
Нет, еще нельзя

• **수영**   스하지찌 브 바쎄인
сходить в бассейн

• **수상스키**   까땃쨔 나 보드늬흐 리좌흐
кататься на водных лыжах

• **윈드서핑**   자냐쨔 빈드쎼르핀곰
заняться виндсерфингом

K 축구경기에 관한 정보를 얻고 싶습니다.
야 하쩰브 빨루치찌 인포르마찌유 오 풋볼늬희 마차흐
Я хотел бы получить информацию о футбольных матчах.

K 어느 팀이 경기를 합니까?
까까야 이그라옛 까만다
Какая играет команда?

K 근처에 스키장이 있습니까?
그제 즈제씨 빠블리조스찌 릐쥐늬예 고르끼
Где здесь поблизости лыжные горки?

K 초보자를 위한 코스가 있습니까?
예스찔리 꾸르스 들랴 나치나유쉬흐
Есть ли курс для начинающих?

K 어떻게 가면 됩니까?
깍 모쥐나 쁘라이찌
Как можно пройти?

K 장비를 어디서 빌릴 수 있습니까?
그제 모쥐나 브쟈찌 나쁘라깟 릐쥐노예 스나랴줴니에
Где можно взять напрокат лыжное снаряжение?

K 1일용 리프트 티켓 주십시오.
다이쩨 빌렛 나 까르뜨누유 다로구
Дайте билет на канатную дорогу.

K 학생 할인요금이 있습니까?
예스찔리 스끼드끼 들랴 스뚜젠또프
Есть ли скидки для студентов?

K 리프트는 어디 있습니까?
그제 나호지짜 까나뜨나야 다로가
Где находится канатная дорога?

K 이 리프트는 몇 시까지 운행합니까?
다 스깔끼 라보따옛 까나뜨나야 다로가
До скольки работает канатная дорога?

 유용한 표현 

K 이 슬로프는 경사가 심합니까?

에똣 스뿌스끄 끄루또이
Этот спуск крутой?

K 스키 강습은 어디서 합니까?

그제 모쥐나 뜨레니로바쨔
Где можно тренироваться?

K 150cm짜리 스키 주십시오.

다이쩨 빠팔스짜 릐쥐 스또 삐찌지샷 산씨메뜨롭 브들린누
дайте, пожалуйста, лыжи сто пятьдесят
сантиметров в длину.

K 40짜리 스키화 주십시오.

다이쩨 리쥐느예 바찐끼 싸라까버버 라즈메라
Дайте лыжные ботинки сорокового размера.

K 보증금은 얼마입니까?

스꼴꺼 나더 아스따비찌 브 잘록
Сколько надо оставить в залог?

▲ 차이콥스키 콘서트홀

여흥

- ◆ **축구** : футбол [풋볼]
- ◆ **야구** : бейсбол [베이스볼]
- ◆ **농구** : баскетбол [바스껫볼]
- ◆ **배구** : волейбол [발레이볼]
- ◆ **골프** : гольф [골프]
- ◆ **수영장** : бассейн [바쎄인]
- ◆ **테니스** : теннис [떼니스]
- ◆ **낚시** : рыбалка [르발까]
- ◆ **승마** : верховая езда [베르호바야 예즈다]
- ◆ **스케이트** : коньки [깐끼]
- ◆ **등반** : альпинизм [알삐니즘]
- ◆ **볼링** : кегельбан [께겔반]
- ◆ **윈드서핑** : виндсерфинг [빈드쑈르핑]
- ◆ **스키장** : лыжная база [릐쥐나야 바자]
- ◆ **리프트** : канатная дорога [까나뜨나야 다로가]
- ◆ **스키화** : лыжные ботинки [르쥐느예 바찐끼]
- ◆ **초보자** : начинающий [나치나유쒸이]

스키화 등을 빌릴 때는 반드시 신어보고 맞는 것
으로 빌려야 한다. 우리 나라와는 치수 기준이 다
르기 때문이다.

실제 회화

K 축구경기에 관한 정보를 얻고 싶은데요.
야 하쩰브 빨루치찌 인포르바찌유 오 풋볼늬흐 마차흐
Я хотел бы получить информацию о футбольных матчах.

F 오늘 저녁 스파르탁과 디나모 팀들의 경기가 있군요.
씨보드냐 부젯 마치 메쥐두 쓰빠르따꼼 이 지나모
Сегодня будет матч между Спартаком и Динамо.

K 어느 팀과의 경기입니까?
스까꼬이 까만도이 마치
С какой командой матч ?

F 뮌헨 팀과의 경기입니다.
스 까만도이 뮤헨나
С командой Мюнхена.

K 아직 표가 남아있습니까?
빌렛드 아스딸리씨
Билеты остались?

F 예.
다
Да.

K 경기는 몇 시에 시작합니까?
바 스꼴꺼 나치나예쨔 마치
Во сколько начинается матч?

F 7에 시작합니다.
브 쎄미
В семь.

여
흥

러시아의 명소들

붉은광장	뿌쉬낀박물관
바실리성당	레드니 쌭(여름정원)
	까잔성당
아르바뜨거리	백야의 네바강

전 화

국내 전화는 우리 나라와 마찬가지로 각 도시별 지역코드가 있으므로, 다른 지역으로 통화 시에는 지역번호를 먼저 누르고 걸고자 하는 번호를 누른다.

시내통화

호텔방에서 외부로 전화를 할 때에는 외선번호를 돌리고서 상대방의 번호를 돌린다. 호텔에서 시내통화는 무료일 때도 있다. 도시 내에서의 공중전화에서는, 전화전용 동전을 키오스크 (가판대) 등에서 구입해서 거는 시스템으로 되어있다. 그러나 고장나 있는 경우가 많으므로 호텔에서 거는 편이 좋다.

■ 도시별 지역 코드

모스크바	095
레닌그라드	812
하바로프스크	4212
블라디보스토크	4232
사할린	4242

국제전화

러시아에서 우리 나라로 전화할 경우 호텔방에서 직접 전화를 할 수 있으며, 전화국과 몇몇 국제 공항에는 수신자 부담으로 전화 할 수 있는 공중전화가 설치되어 있어 안내 지시에 따라 쉽게 사용할 수 있다. 일반적으로 시내전화로는 국제전화가 불가능하므로 급할 때는 전화국이나 호텔에서 신청한다.

■ 수신자 부담 전화

수신인이 통화요금을 지불하는 제도. 한국인이 교환을 하므로
언어에는 불편이 없으나 요금이 비싸고, 러시아는 지역에 따라
번호가 틀리므로 주의하도록 한다.

| 교환 | ⇨ | 콜렉트콜 신청 | ⇨ | 통화 개시 |

모스크바, 상트·페테르부르크, 블라디보스토크, 하바로프스크 ⇨ 한국
　　*한국통신 810-800-110-2082 다이얼링 후, 교환
　　*데이콤　810-800-130-1082 다이얼링 후, 교환
한국 ⇨ 러시아
　　*00799 다이얼링 후, 교환

직접통화(ISD : International Subscriber Dialing)

교환 없이 직접 일반전화나 국제통화 겸용 공중전화로 직접
통화할 수 있는 제도로 가격이 저렴하다.

| 국제전화
접속코드 | ⇨ | 국가번호
82 | ⇨ | 국내
지역번호 | ⇨ | 전화번호 |

■ 러시아에서 한국 서울의 1230-4567로 전화

러시아 :	810	+	82	+	2	+	1230-4567
	국제전화코드		한국		서울		번호

※국내 지역국번의 「0」은 사용하지 않음.
　(서울 : 02 → 2 / 부산 : 051 → 51 / 인천 : 032 → 32)

■ 한국에서 러시아의 모스크바로 전화 걸 때

한국 :	001	+	7	+	095	+	전화번호
	국제전화코드		러시아		모스크바		

※국내 지역국번의 「0」은 사용하지 않으나, 모스크바의 경우는
　예외로 반드시 「0」을 붙임.

■ 러시아에서 한국의 핸드폰으로 전화해보자 011-123-4567

810	+	82	+	11	+	123-4567
국제전화		한국		SK텔레콤		번호

전화

러시아에서 국제전화는 호텔이나 국제 전화국에서 걸 수 있으며 국내 전화를 걸 때 모스크바는 「8(시외전화코드) − 095(지역국번) − 전화번호」로 걸어야 한다.

자주 쓰이는 표현 

ⓠ **김 선생님 좀 바꿔주세요.**
빠자비쩨 빠좔스따 미스떼라 끼마
Позовите, пожалуйста, <u>мистера Кима</u>.

↳ **기다리세요. 바꿔드리겠습니다.**
빠다쥐지쩨 미누뜨꾸
Подождите, минутку.

- 이 양 미쓰 리 мисс Ли
- 싸샤 싸슈 Сашу

ⓠ **국제교환국입니다.**
메즈두나롣나야 쩰레폰나야 스딴찌야
Международная телефонная станция.

⇨ **서울로 전화하고 싶습니다.**
야 하추 빠즈바니찌 브 세울
Я хочу позвонить в <u>Сеул</u>.

- 파리 파리 Париж
- 뉴욕 누-욕 Нью-Йорк

 **유용한 표현** •••••••••••••••••••• 

K 여보세요. 김선생님 부탁합니다.

알로 빠자비쩨 빠좔스따 미스떼라 끼마
Алло, позовите, пожалуйста, мистера Кима.

➡ 어느 분과 통화하시겠습니까?

스껨 브 하찌쩨 가바리찌
С кем вы хотите говорить?

K 김기수가 전화했다고 전해 주세요.

뻬레다이쩨 쉬또 즈보닐 김기수
Передайте, что звонил Ким ги су.

➡ 뭐라구요? 잘 안들립니다.

쉬또 바스 쁠로하 슬릐쉬나
Что? Вас плохо слышно.

➡ 좀 더 크게 말씀하세요.

가바리쩨 그롬체
Говорите громче.

➡ 좀 더 천천히 말씀하세요.

가바리쩨 메들렌녜예
Говорите медленнее.

K 누구십니까?

끄또 브
Кто вы?

K 통화중입니다.

쩰레폰 자냣
Телефон занят.

K 아무도 안 받습니다.

니크또 녜 스니마옛 뜨룹꾸
Никто не снимает трубку.

K 죄송합니다. 잘못 걸었습니다.

이즈비니쩨 야 아쉽쌰
Извините, я ошибся.

K 끊으세요. 제가 바로 다시 걸겠습니다.
빨라쥐쩨 뜨룹구 야 삐리즈바뉴
Положите трубку. Я перезвоню.

K 끊지 말고 기다리십시오.
빠다쥐지쩨 녜 베샤이쩨 뜨룹꾸
Подождите, не вешайте трубку.

K 공중전화가 어디 있습니까?
그제 찔리폰 아프따맛
Где телефон-автомат?

K 전화가 끊어졌습니다.
라즈가보르 쁘레르발쌰
Разговор прервался.

K 전화번호가 어떻게 되십니까?
까꼬이 우 바스 노메르 쩰레포나
Какой у вас номер телефона?

⇨ 1234-5678입니다.
뜨싸차 드베스치 뜨릿짜찌 취띄리 삐지싸뜨 쉐스찌 쎔지샷 보씸
12 34 56 78.

K 한국 국가번호를 가르쳐 주십시오.
스까쥐쩨 노메르 쩰레포나 브 까레예
Скажите номер телефона в Корее.

K 한국 교환원과 연결해 주십시오.
스바쥐쩨 미냐 스 메즈두나로드너이 스딴찌에이 브 까레예
Свяжите меня с международной станцией в Корее.

F 통화가 끝나셨습니까?
븨 자꼰칠리 라즈가보르
Вы закончили разговор?

◆ **전화** : телефон [쩰레폰]

◆ **삐삐** : пейджер [뻬이줴르]

◆ **휴대폰** : сотовый [쏘떠븨]

◆ **공중전화** : телефон-автомат [쩰레폰 압또마뜨]

◆ **전화카드** : телефонная карточка
　　　　　　　[쩰레폰나야 까르또츠까]

◆ **전화번호부** : телефонный справочник
　　　　　　　　[쩰레폰늬 스쁘라보츠닉]

◆ **전화번호** : номер телефона [노메르 쩰레포나]

◆ **바꿔주다** : позвать [빠즈바찌]

◆ **통화중** : занят [자냣]

◆ **혼선** : помехи [빠메히]

거리의 전화박스▶

러시아에서 국제전화를 할 때에는 호텔방에서 직접 통화를 할 수 있으며, 전화국과 몇몇 국제공항에는 수신자 부담으로 전화할 수 있는 공중전화가 있다.

F. 여보세요

알로
Алло.

K. 여보세요, 저 김인수입니다.

알로 에또 가바릿 김인수
Алло, это говорит Ким Ин Су.

벨로프 씨 좀 바꿔주세요.

부쩨 다브르 미스떼라 벨로바
Будьте добры, мистера Белова.

F. 지금 안 계신데요. 전하실 말씀 있으십니까?

씨차스 이보 넷 쉬또니부찌 뻬레다찌
Сейчас его нет. Что нибудь передать?

K. 제가 전화했다고 전해주십시오.

뻬레다이쩨 쉬또 즈바닐 김인수
Передайте, что звонил Ким Ин Су.

F. 전화번호가 어떻게 되십니까?

까꼬이 우 바스 노몌르 쩰레포나
Какой у вас номер телефона?

K. 1234-5678입니다.

뜨쌰차 드베스치 뜨릿짜찌 치뜨리 삐찌샤뜨 쉐스찌 쎔지샷 보씸
1234 - 5678.

F. 네, 고맙습니다.

다 스빠씨바
Да, спасибо.

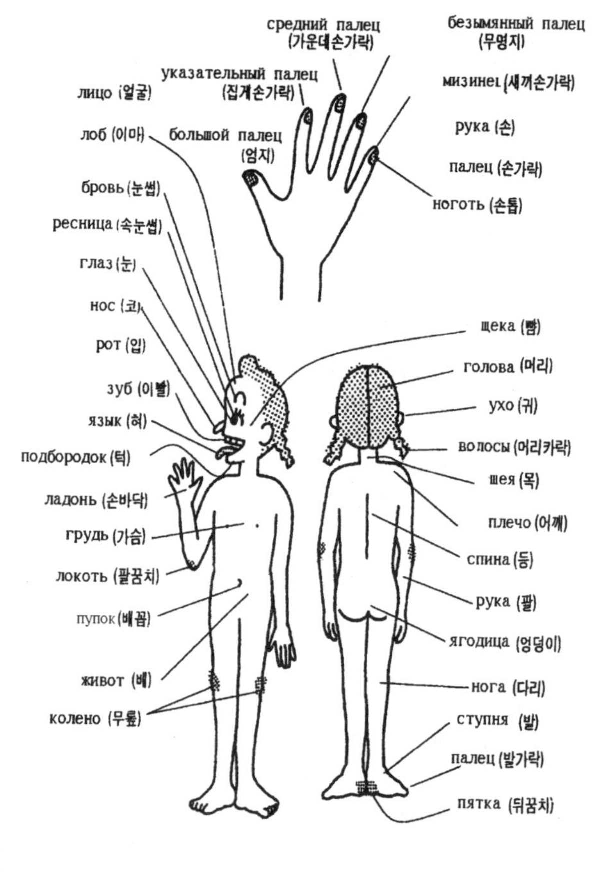

средний палец (가운데손가락)
безымянный палец (무명지)
указательный палец (집게손가락)
мизинец (새끼손가락)
лицо (얼굴)
большой палец (엄지)
рука (손)
лоб (이마)
палец (손가락)
бровь (눈썹)
ноготь (손톱)
ресница (속눈썹)
глаз (눈)
нос (코)
рот (입)
щека (뺨)
зуб (이빨)
голова (머리)
язык (혀)
ухо (귀)
подбородок (턱)
волосы (머리카락)
ладонь (손바닥)
шея (목)
грудь (가슴)
плечо (어깨)
локоть (팔꿈치)
спина (등)
пупок (배꼽)
рука (팔)
ягодица (엉덩이)
живот (배)
нога (다리)
колено (무릎)
ступня (발)
палец (발가락)
пятка (뒤꿈치)

물건을 분실, 도난 당하였거나 병이 나는 등의 돌발사고가 일어났을 때는 바로 전화로 호텔 프론트에 연락하면 그 사정에 따라 경찰이나 병원 등으로 연결해 준다. 언어에 자신이 없는 사람은 한국어가 통하는 곳에 연락하여 도움을 받도록 한다. 호텔에서 귀중품은 프론트 데스크의 귀중품 보관함에 맡기고 외출시 보석이나 현금류는 절대로 방안에 두지 말고 방 안에 있을 때는 잠금쇠를 잠그는 것을 잊지 않도록 한다.

약국 · 병원

호텔의 제쥬르나야(담당종업원)나, 서비스 뷰로에 부탁해서 의사에게 진찰을 받는다. 의료비는 입원하지 않는 경우에 한해서(진찰 · 구급차 등) 이전에는 무료였지만, 현재는 유료라고 생각해두는 편이 좋다. 호텔에 따라서는 의무실에 의사가 있어서 약을 주는 곳도 있다.

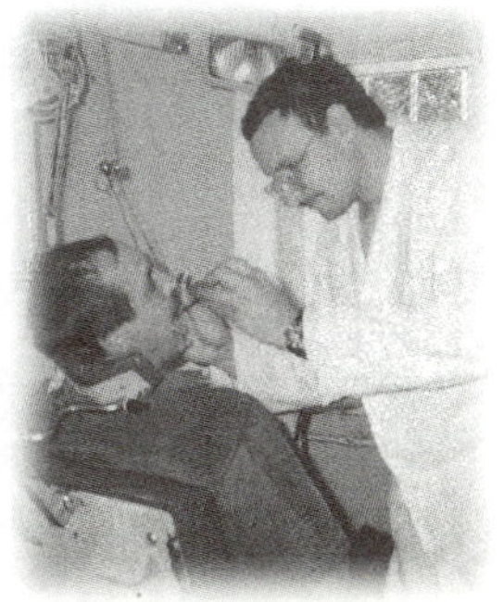

해외에서의 화장실 사정은 나라에 따라 다르다. 사정은 급한데 주위에 화장실이 보이지 않을 때는 근처에 있는 관공서나, 호텔, 백화점 등의 화장실은 무료로 사용 가능하고 위생이 우수하다. 지방의 겨우 카페, 음식점, 상점, 은행, 서점 등에 화장실이 있다.

긴급전화

- **모스크바 주재 한국대사관** : ☎ (095)956-1474
- **블라디보스토크 총영사관** : ☎ (4232)22-7729, 22-8115
- **KOTRA 모스크바 무역관** : ☎ (095)253-1571(4)
- **모스크바 대한항공 지점** : ☎ (095)956-1666
- **블라디보스토크 대한항공 지점** : ☎ (4232)32-2000
- **하바로프스크 아시아나항공 지점** : ☎ (42)1237-8747
- **사할린 아시아나항공 지점** : ☎ (4242)72-3349

긴급사태

러시아 경찰들은 대개 영어를 비롯한 외국어를 잘 모르므로 동양인들을 보면 당황해하거나 무시하는 경향이 있다. 하지만, 끈질기게 도움을 요청해서 필요한 도움을 받도록 하자.

 **자주 쓰이는 표현** ●●●●●●●●●●●●●●●●●●●●● 

Q **무엇을 잃어버리셨어요?**

쉬또 비 빠쩨랼리
Что вы потеряли?

➡ **지갑을 잃어버렸습니다.**

까쉴록
Кошелек.

- **여권**   빠스뽀르뜨 / паспорт
- **모자**   쉴랴뿌 / шляпу

- **여행가방**   다로즈누유 쑴꾸 / дорожную сумку
- **신용카드**   끄례지뜨누유 까르또취꾸 / кредитную карточку

Q **무슨 일이세요?**

쉬또 슬루칠러씨
Что случилось?

➡ **지갑을 도둑맞았습니다.**

우 미냐 우끄랄리 까쉴록
У меня украли кошелек.

- **가방**   쑴꾸 / сумку
- **여권**   빠스뽀르뜨 / паспорт

- **차**   마쉬누 / машину
- **은행카드**   반꼬브스꾸유 까르또츠꾸 / банковскую карточку

K 좀 도와주시겠어요?
네 스마글리 브 븨 빠모치
Не смогли бы вы помочь?

⇨ 무슨 일이신데요?
쉬또니부지 슬루칠러씨
Что-нибудь случилось?

K 표를 두고 왔습니다.
야 아스따빌 빌렛
Я оставил билет.

K 도난 사건을 신고하고 싶습니다.
야 하추 다찌 자이블레니예 오 끄라줴
Я хочу дать заявление о краже.

K 급한 일이에요!
에떠 스로츠너
Это срочно!

K 경찰을 불러 주세요.
븨자비쩨 밀리찌유
Вызовите милицию

K 누구에게 신고해야 합니까?
까무 누쥐너 자이블랴찌
Кому нужно заявлять?

K 택시에 가방을 두고 내렸어요.
야 아스따빌 쑴꾸 브 딱씨
Я оставил сумку в такси.

⇨ 분실물 보관소로 가 보세요.
아브라찌쩨씨 브 뷰로 나호독
Обратитесь в бюро находок.

- ◆분실증명서 : справка об утере [스쁘라브까 압 우쩨레]
- ◆분실물사무소 : бюро находок [뷰로 나호독]
- ◆은행카드 : банковская карточка
  [반꼬브스까야 까르또츠까]
- ◆비자카드 : карта виза [까르따 비자]
- ◆도둑 : вор [보르]
- ◆소매치기 : кража [끄라좌]
- ◆신고 : заявление [자이블레니예]
- ◆도난 : кража [끄라좌]
- ◆급한 : срочный [스로츠늬]
- ◆잃어버리다 : потерять [빠쎄랴씨]
- ◆잊고 그냥 오다 : забыть и оставить
  [자븨찌 이 아쓰따비찌]
- ◆훔치다 : украсть [우끄라스찌]
- ◆소매치기 당하다 : быть обкраденным [븨찌 압끄라젠늠]
- ◆신고하다 : заявлять [자이블랴찌]

영어나 제 3국어가 잘 통하지 않으므로 가능하면 러시아어 용어카드를 가지고 다니면서 사용하면 좋다.

[F] 무슨 일이세요?

쉬또 슬루칠러씨
Что случилось?

[K] 지갑을 도둑맞았어요.

우 미냐 우끄랄리 까쉘록
У меня украли кошелек.

[F] 언제, 어디에서요?

까그다 이 그제
Когда и где?

[K] 역 입구에서 잃어버렸어요.

우 브호다 브 미뜨로
У входа в метро.

[F] 역 안에서입니까, 밖입니까?

브누뜨리 일리 스나루쥐
Внутри или снаружи?

[K] 역 안에서입니다.

브누뜨리
Внутри.

[F] 그 안에 무엇이 들어있었습니까?

쉬또 빌러 브 까쉘께
Что было в кошельке?

[K] 여권, 현금, 비자카드, 면허증 등이 있었어요.

빠르뽀르뜨 젱기 까르따 비자
Паспорт, деньги, картаVISA,

바지쩰스끼예 쁘라바 이 므노거예 드루고예
водительские права и многое другое.

# 긴급사태

러시아의 약국에서 약을 사려면 반드시 의사의 처방전이
필요하나 반창고 같은 간단한 의약품은 처방전 없이도 구입이
가능하다.

 자주 쓰이는 표현 

Q **머리가 아파요.**
우 뮈냐 발릿 갈라바
У меня болит голова.

⇨ **의사를 불러드릴까요?**
빠즈바찌 브라차
Позвать врача?

쥐봇	쎄르쩨
• 배 живот	• 심장 сердце
쮈루독	줍
• 위 желудок	• 이빨 зуб

Q **특별히 주의할 게 있습니까?**
쉬또 누쮀너 싸블류다찌
Что нужно соблюдать?

⇨ **약을 드십시오.**
삐이쩨 리까르스뜨버
Принимайте лекарство.

앗드하이쩨
• **쉬셔야 합니다** Отдыхайте

므노거 녜 하지쩨
• **많이 걷지 마세요** Много не ходите

K 가장 가까운 병원이 어디입니까?
그제 즈제씨 빠블리저스찌 발니짜
Где здесь поблизости больница?

K 몸이 안 좋습니다.
야 쁠로허 씨뱌 추브스뜨부유
Я плохо себя чувствую.

K 도와줄 사람을 불러주세요.
빠자비쩨 까보니부지 나 뽀머쉬
Позовите кого-нибудь на помощь.

K 감기에 걸렸습니다.
야 쁘라스뚜질쌰
Я простудился.

K 머리가 어지럽습니다.
우 미냐 끄루쥐쨔 갈라바
У меня кружится голова.

K 그가 설사를 해요.
우 니보 빠노스
У него понос.

F 병원에 가야겠어요.
밤 누쥐너 브 발니쭈
Вам нужно в больницу.

K 여행을 계속해도 될까요?
므녜 모쥐너 뿌쩨쉐스뜨바바찌 달쉐
Мне можно путешествовать дальше?

K 이 약을 얼마나 먹어야 합니까?
깍 돌거 누쥐너 삐찌 에또 리까르스뜨버
Как долго нужно пить это лекарство?

F [식 전 / 식 후]에 드세요.
쁘리니마이쩨 도 / 뽀슬레 예듸
Принимайте до / после еды.

- 약국 : аптека [압쩨까]
- 약사 : фармацевт [파르마쩨프트]
- 의사 : врач [브라치]
- 치과의사 : зубной врач [줍노이 브라치]
- 안과의사 : окулист [아꿀리스트]
- 외과의사 : терапевт [쩨라뻬프트]
- 환자 : больной [발노이]
- 병 : болезнь [발레즌]
- 식중독 : отравление [아뜰라블레니예]
- 변비 : запор [자뽀르]
- 감기 : простуда [쁘라스뚜다]
- 주사 : укол [우꼴]
- 알약 : таблетка [따블례뜨까]
- 아스피린 : аспирин [아스삐린]
- 수면제 : снотворное [스나뜨보르너에]
- 진통제 : обезболивающее [아베즈발리바유쉐예]
- 혈압 : давление [다블레니예]
- 맥박 : пульс [뿔스]
- 체온 : температура [쩸뻬라뚜라]
- 탈지면 : стерильная вата [스쩨릴나야 바따]
- 반창고 : лейкопластырь [레이까쁠라스뜨리]
- 붕대 : бинт [빈뜨]
- 예방접종 : прививка [쁘리비프까]
- 기침하다 : кашлять [까쉴랴찌]
- 찔린 : колющий [꼴류쉬]
- 베다 : резать [레자찌]
- 삼키다 : глотать [글라따찌]

[K] 소화가 잘 안됩니다.
우 미냐 네스바레니예
У меня несварение.

[F] 의사를 불러드릴까요?
빠즈바찌 브라차
Позвать врача?

[K] 괜찮아요.
녜 나더
Не надо.

[F] 그러면 소화제를 드릴까요?
밤 다찌 리까르스뜨버
Вам дать лекарство?

[K] 예, 쪼끔 주십시오.
다 다이쩨 냐므노거
Да, дайте немного.

[F] 오늘은 그냥 쉬세요.
씨보드냐 앗다흐니쩨
Сегодня отдохните.

거리에서 피리를 불며▶
돈을 받는 소녀

러시아를 출국할 때의 순서는 기본적으로 한국을 출발할 때와
같다. 사전에 공항(모스크바의 경우 : 쉐레메체보 제2공항)을
확인 해둔다. 출국수속은 비행 2시간~1시간 30분 전에
시작된다.

출국 순서

■ 예약 확인(Подтверждение авиабилета)

개인적으로 여행을 하는 경우에는 출발 72시간 전까지 항공
회사에 전화를 하던지 카운터에서 예약 재확인을 할 필요가
있다.

■ 세관검사

여권, 항공권, 비자, 세관신고서를 제출한다. 세관신고서를 쓸 때
주의할 점은 가지고 있는 외화란이다. 입국시에 기입한 금액과
차이가 많으면 문제가 되므로 주의한다.

■ 체크인(Регистрация)

세관검사가 끝나면, 항공회사의 카운터에 가서 체크인을 하고
항공좌석을 배정받는다. 그런 다음 출국심사대에서 여권과
나머지 비자 2장을 제출하면 여권만 돌려준다.

입국 순서(인천공항)

| 검역 | ➡ | 입국심사 | ➡ | 수화물 찾는 곳 | ➡ | 세관 |

■ 여행자 휴대품 신고 안내

면세통로

- 해외나 국내 면세점에서 반입하는 총 금액이 30만원이하
- 주류 1병(1 ℓ 이하), 담배 1보루(200개비) - [20세 미만 제외]
- 향수 2온스 이하

귀국

공항에 2시간 전에 도착해야 한다는 사실을 명심해야 한다.
그리고 자신의 짐이 제한 무게를 초과할 경우 짐이 적은
동행인들에게 짐 부탁을 하자. 할인티켓인 경우에는 반드시
일찍 탑승권을 받는 것이 현명하다는 것을 알아야 한다.

자주 쓰이는 표현 

Q 몇 자리를 예약하셨지요?
스꼴까 메스뜨 빌라 자까잔나
Сколько мест было заказано?

⇨ **1자리를 예약했어요.**
아드노
Одно.

· **2자리** 드바 два · **4자리** 치띄리 четыре

Q 어디행입니까?
나 까꼬이 레이스
На какой рейс?

⇨ **서울행입니다.**
브 쎄울르
В Сеул.

· **부산** 부산 Пусан · **뉴욕** 누-욕 Нью-Йорк
· **동경** 도꾜 Токио · **런던** 런던 Лондон

K 비행기 예약을 다시 확인하고 싶습니다.

야 [하쩰(男) / 하쩰라(女)] 브 빳뜨베르지찌 자까즈
Я [хотел / хотела] бы подтвердить заказ.

K 김신영입니다.

미요 이먀 김신영
Мое имя Ким Син Енг.

F 죄송하지만 예약이 되어있지 않습니다.

이즈비니쩨 노 바쉐버 이메니 녯 브 스삐스께
Извините, но вашего имени нет в списке.

K 그럴 리가 없습니다. 이미 확인을 하였습니다.

녜 모줫 브찌 야 우줴 [빳베르즈달(男) / 빳베르즈달라(女)]
Не может быть. Я уже [подтверждал / подтверждала].

K 서울까지 1등석 왕복 티켓입니다.

빌렛 뻬르바보 끌라싸 나 세울르
Билет первого класса на Сеул.

K 저는 홍콩을 경유합니다.

야 예두 체레즈 공꽁
Я еду через Гонконг.

K 식사는 몇 번 제공됩니까?

스꼴꺼 라스 꼬르먓
Сколько раз кормят?

K 서울에는 몇 시에 도착합니까?

바 스꼴꺼 사말룟 쁘리브바옛 브 세울르
Во сколько самолет прибывает в Сеул?

F 출발 2시간 전까지 공항에 가셔야 합니다.

븨 달쥐늬 븨찌 브 아에라빠르뚜 자 드바 치나 다빌레따
Вы должны быть в аэропорту за два часа до вылета.

귀
국

[K] 예약을 재확인하고 싶습니다.
야 [하쩰(男) / 하쩰라(女)] 브 스젤라찌 빳베르쥐제니예
Я [хотел / хотела] бы сделать

подтверждение.

[F] 성함을 말씀해주세요.
바쉐 이먀
Ваше имя?

[K] 김신영입니다.
김신영
Ким Син Енг.

[F] 목적지가 어디입니까?
메스떠 나즈나체니야
Место назначения?

[K] 서울입니다. 13일 4시입니다.
쎄울르 뜨리낫짜떠예 브 치뜨리 치사
Сеул, тринадцатое в четыре часа.

[K] 체크인은 몇 시입니까?
바 스껄꺼 레기스뜨라찌야
Во сколько регистрация?

[F] 2시까지 공항으로 오십시오.
브 달쥐늬 비찌 브 아에라빠르뚜 브 드바 치사
Вы должны быть в аэропорту в два часа.

부록

- 환전할 때
- 승차권 구입
- 분실 · 도난 시
- 아플 때
- 처방
- 출국신고서
- 도움이 되는 한노어휘

환전할 때

◉ 러시아어를 몰라도 이 카드를 이용하면 환전할 수 있습니다.

> ▶ Обменяйте на рубли, пожалуйста.
> 이 돈을 루블로 바꿔주십시오.

■ купюра(지폐)
- ☐ 500 рублей(500루블) ————
- ☐ 100 рублей(100루블) ————
- ☐ 50 рублей(50루블) ————
- ☐ 10 рублей(10루블) ————

■ мелочь(동전)
- ☐ 5 рублей(5루블) ————
- ☐ 2 рублей(2루블) ————
- ☐ 1 рубль(1루블) ————
- ☐ 50 копеек(50까뻬이까) ————
- ☐ 10 копеек(10까뻬이까) ————
- ☐ 5 копеек(5까뻬이까) ————
- ☐ 1 копейка(1까뻬이까) ————

всего(합계) : ____________ рублей

> ▶ Остальной дайте мелкими деньгами.
> 나머지는 잔돈으로 주십시오.

승차권 구입

◉ 매표소에서 아래를 작성하여 보여주십시오.

▶ Дайте мне билет на ______________ .
______________ 행을 주십시오.

☐ взрослый ________
어른 ________장

☐ детский ________
아이 ________장

☐ в оба конца ____(왕복)

☐ в один конец ____(편도)

☐ дата(날짜)

월	일	시간
① ______(месяц)	______(день)	______(время)
② ______(месяц)	______(день)	______(время)
③ ______(месяц)	______(день)	______(время)

☐ места для курящих(흡연석)

☐ места для некурящих(금연석)

☐ люкс(1등석)

☐ плацкарт(일반실)

☐ вагон-купе(침대차)

▶ Напишите цену, пожалуйста.
요금을 써 주십시오.

всего(합계) : ______________

분실·도난 시

▶ ______________________를 잃어버렸습니다.

Я потерял

- ☐ паспорт(여권)
- ☐ дорожный чек(여행자수표)
- ☐ фотоаппарат(카메라)
- ☐ кошелек(지갑)
- ☐ кредитная карточка(신용카드)
- ☐ сумка(가방)
- ☐ авиабилет(항공권)
- ☐ ______________________(기타)

▶ ______________________에서 도난 당했습니다.

Меня обокрали

- ☐ в автобусе(버스 안에서)
- ☐ в метро(지하철에서)
- ☐ на вокзале(역에서)
- ☐ в туалете(화장실에서)
- ☐ на дороге(길에서)
- ☐ ______________________(기타)

분실·도난 시

▶ ______________에 연락해 주십시오.

Позвоните

☐ в милицию(경찰서)

☐ в корейское посольство(한국대사관)

☐ по этому телефону(이 번호로)

тел : ______________

(미리 연락할 곳을 적어놓자)

▶ ______________를 써 주십시오.

Выдайте, пожалуйста ☐ справка об утере(분실증명서)

☐ ______________(기타)

▶ ______________를 재발행 해 주십시오.

Выдайте, пожалуйста ☐ дорожный чек(여행자수표)

☐ паспорт(여권)

☐ кредитная карточка(신용카드)

☐ ______________(기타)

아플 때

● 병원에서 아래 사항에 ✓해서 주십시오.

▶ 신상기록 (медицинская карточка)

имя(이름) : _____________________ (러시아어로)

возраст(연령) : _____________________

пол(성별) : ☐ M(남자)　　　　　☐ Жц(여자)

гражданство(국적) : Корея(한국인)

группа крови(혈액형) : _________

номер страхового полиса(보험증서 번호) : _____________________

страховая фирма(가입 보험회사) : _____________________

▶ _____________________가 많이 아픕니다.

☐ У меня болит левое ухо(왼쪽 귀)

☐ У меня болит правая нога(오른쪽 다리)

☐ У меня болит рука(팔)

☐ _____________________(기타)

▶ 여기가 _____________________ 합니다.

У меня　　　☐ У меня кружится голова(현기증이 남)

　　　　　　☐ Меня знобит(한기가 들다)

　　　　　　☐ Меня тошнит(토할 것 같음)

　　　　　　☐ _____________________(기타)

아플 때

▶ 최근에 수술을 받은 적이 있습니다.
Недавно я перенес операцию.

▶ 최근에 수술을 받은 적이 없습니다.
Я не переносил операций.

▶ ____________부터 몸이 좋지 않습니다.

Я болею

☐ со вчерашнего дня(오늘)

☐ со вчерашнего вечера(어젯밤)

☐ три дня(3일 전)

☐ неделю(일주일 전)

☐ ____________________________(기타)

▶ 여행을 계속 해도 좋습니까?
Мне можно путешествовать дальше?
☐ да(네)   ☐ нет(아니오)

▶ 보험금 청구를 위하여 진단서, 혹은 영수증 작성을
부탁드립니다.
Выдайте мне справку или квитанцию.

처 방

▶ _______________ 다시 오십시오.

Приходите

☐ завтра(내일) _______часов(시간)

☐ через три дня(3일 후에)

☐ _________________________(기타)

▶ _________일간 안정을 취해 주십시오.

Отдохните

☐ _______дней(일)

☐ _________недель(주)

▶ 약을 식사 전(후)에 _______씩 복용하십시오.

Принимайте это лекарство ☐ после еды(식 후)

☐ до еды(식 전)

☐ один раз в день(하루에 1번)

☐ _________ раз в день(하루에 ~번)

출국신고서

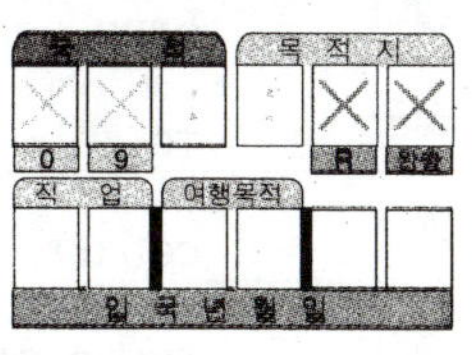

대한민국 출국신고서 DEPARTURE CARD / REPUBLIC OF KOREA

한글이름 SURNAME	漢字姓名
동인랑	東仁郎

GIVEN NAMES
INRANG

생년월일 DATE OF BIRTH			주민등록 뒷번호	남 MALE ☑
년 Year	월 Month	일 Day		여 FEMALE ☐F
7 8	0 8	1 5	1 0 7 5 3 1 9	

국적 NATIONALITY	여권번호 PASSPORT NO.
대한민국	5128563

한국내 주소·전화번호   ADDRESS & PHONE NO. IN KOREA
서울시 동대문구 용두2동 731-1

직업·직장명 OCCUPATION	여행목적 PURPOSE OF VISIT
출판	관광

목적지 DESTINATION	편명 FLIGHT NO./SHIP'S NAME
모스크바	KE067

공용란 Official Use Only	서명 SIGNATURE
번호 KE S031678 D	Dong
	심사인

■ 기재방법

러시아어는 물론이고 영어로도 기재할 수 있다.

1. 성 / 결혼하기 전의 성 / 이름

2. 생년월일(일/월/년)   3. 출생지

4. 국적   5. 직업

6. 주소(한국 내)   7. 출국공항

※모든 서류 양식에는 필기체가 아닌 블록체(대문자)로 표기한다.

도움이 되는 한노어휘

한국어	노어	한국어	노어
가게	마가진- магазин	간단한	쁘라스또-이 простой
가격표	에찌꼐-뜨꺼 쩨늬- ярлык	간호원	미드시스뜨라- медсестра
가까운	블리-스끼 близкий	갈색	까리츠녜-븨 коричневый
가다	잇찌- идти	갈아타다	삐리싸지-찌 пересесть
가득한	뽈-늬 полный	감각	춥-스뜨붜 чувство
가렵다	치싸-쨔 чесаться	감기	그립 грипп
가루	무까- мука	값	쩨나- цена
가방	쑴까 сумка	강	리까- река
가볍다	료-흐끼 лёгкий	강한	씰-늬 сильный
가솔린	가졸린 газолин	같다	아지나꼬븨 одинаковый
가을	오쎈 осень	같은	또 줴 싸머에 то же самое
가이드	기드 гид	개	싸바까- собака
가족	씨미야- семья	개인	리치노스찌 личность
가죽	꼬-좌 кожа	거리(街)	울-리짜 улица
가짜	빳젤까 подделка	거스름돈	즈다-차 сдача
가치	스또이모스찌 стоимость	거울	제-르깔러 зеркало
간	뼤-친 печень	거의	빠츠찌- почти
간결한	쁘라스또-이 простой	거절하다	앗까-자찌 отказать

한국어	노어
거주자	쥐쩰 **жи́тель**
거짓말	로쉬 **ложь**
건강	즈다로-비에 **здоро́вье**
건널목	삐리홋 **перехо́д**
건물	즈다니예 **зда́ние**
건조한	쑤호-이 **сухо́й**
걷다	샤가찌 **шага́ть**
검역소	깐뜨롤-너에 뷰로- **контро́льное бюро́**
검은	효-르늬 **чёрный**
게이트	바로-따 **воро́та**
겨울	지-마 **зима́**
겨자	가르치-짜 **горчи́ца**
결정	리쉐-니예 **реше́ние**
결혼	브락 **брак**
경마	비가- **бега́**
경찰관	밀리찌야 **милиционе́р**
경찰서	쉬따찌 **мили́ция**
경치	빗 **вид**
계산하다	쉬따찌 **счита́ть**
계약(서)	깐뜨락-뜨 **контра́кт**

한국어	노어
고기	먀써 **мя́со**
고려하다	압두믜바찌 **обду́мывать**
고속도로	아프또스뜨라-더 **автостра́да**
고장중	니 라보따옛 **не рабо́тает**
고층빌딩	븨쏘-뜨너에 즈다니여 **высо́тное зда́ние**
고향	로-지나 **ро́дина**
곧은	쁘리모-이 **прямо́й**
골동품	안찌끄바리앗 **антиквариа́т**
골프	골-프 **гольф**
공공의	뿌블리-츠늬 **публи́чный**
공부하다	자니마-쩌 **занима́ться**
공손하게	볘쥘리버 **ве́жливо**
공연	스뻭따-끌 **спекта́кль**
공원	빠-르끄 **парк**
공항	아에러뽀-르뜨 **аэропо́рт**
과로	삐리우따믈례-니에 **переутомле́ние**
과세	날라가아블라줴-니에 **налогообложе́ние**
과일	프룩뜨 **фрукт**
과자	삐쳬-니에 **пече́нье**
관광	뚜리-즘 **тури́зм**

한국어	노어		한국어	노어
관광버스	뚜리스찌-체스끼 압또-부스 туристический автобус		귀	우-허 ухо
관세	따모-줸나야 뽀-슐리나 таможенная пошлина		귀걸이	쎼-르기 серьги
광장	쁠로-샷지 площадь		귀중품	다라기-에 붸-쉬 дорогие вещи
교외	자-고럿 загород		규칙	쁘라-빌러 правило
교차점	삐리끄료-스떡 перекрёсток		그램	그람 грамм
교환원	찔리퍼니-스뜨 телефонист		그리다	리싸바찌 рисовать
교환하다	미냐찌 менять		그림	까르찌-나 картина
교회	쩨-르꺼프 церковь		그림엽서	앗끄리뜨까 открытка
구급차	스꼬-라야 뽀-머쉬 скорая помощь		그림책	끄니가 스까르찐-까미 книга с картинками
구두	바찐-끼 ботинки		극장	찌아-뜨르 театр
구멍	야-머 яма		금	졸-러떠 золото
구입하다	꾸-삐찌 купить		금발	블란진- блондин
국내의	브누-뜨렌니이 внутренний		금지하다	자쁘리찌-찌 запретить
국적	나찌어날-너스찌 национальность		급행열차	엑스쁘례-스 экспресс
국제의	메쥬드나로-드늭 международный		기념비	마누멘-뜨 монумент
굴(貝)	우-스뜨리짜 устрица		기념일	젠 빠먀-찌 день памяти
굴뚝	듸머바야 뜨루바- дымовая труба		기다리다	쥬다-찌 ждать
굽다	뼤-치 печь		기대하다	쥘라-찌 желать
굽다	좌리찌 жарить		기분 나쁜	두르노-이 дурной
궁전	드바례-쯔 дворец		기쁜	라-더스늭 радостный

한국어	노어
기숙사	압쉐쥐-찌에 общежитие
기온	찜뻬라뚜-라 температура
기입하다	프삐싸-찌 вписать
기침	까-쉴 кашель
기혼의	쥐나-뜨(男) / 자무-쥬니(女) женат (замужний)
기회	슬루-차이 случай
기후	끌리-마뜨 климат
긴	들린-늬 длинный
긴급	스로치늬 срочный
깃(옷의)	봐라뜨닉- воротник
깊은	글루보-끼 глубокий
깨다(잠을)	쁘라부짓-쨔 проснуться
깨닫다	우즈나-찌 узнать
꽃	쯔뵈-뜨 цвет
꽃집	쯔볘또-츠늬 마가진- цветочный магазин
끌다	따쒸찌 тащить
끓다	바리-쨔 вариться
나라	스뜨라나- страна
나무	제-레버 дерево
나쁘다	쁠로-허 плохо
나이든	스따-릐 старый
낚시	릐-브나야 로-블랴 рыбная ловля
난방장치	아따쁠례니예 отопление
날	젠 день
날것의	씨로-이 сырой
날다	리따-찌 летать
날씨	빠고-다 погода
날짜	다따 дата
남성(의)	무슈꼬-이 мужской
남기다	아스따-비찌 оставить
남쪽	육 юг
남편	무-슈 муж
낮은	니-스끼 низкий
냄비	까스뜨률-랴 кастрюля
내과의사	떼라뻬-프뜨 терапевт
내리다	스니-지찌 снизить
내의	빌리요- бельё
냄새	자-빠흐 запах
냅킨	쌀폐-뜨까 салфетка
냉방장치	할라질-나야 우스따노-프까 холодильная установка

한국어	노어
냉장고	할라질-닉 ХОЛОДИЛЬНИК
넓은	쉬로-끼 ШИРОКИЙ
넓히다	라스쉬-리찌 расширять
넥타이	갈-스뚝 галстук
노래하다	뻬-찌 петь
노력	우씰-리여 усилия
노크하다	스뚜차-찌 стучать
녹색	질룐-늬 зелёный
농구	바스껫볼- баскетбол
농부	끄리스찌야-닌 крестьянин
농장	페-르마 ферма
높은	븨쏘-끼 высокий
눈	글라스 глаз
눈썹	브로-피 бровь
늦은(시라)	뽀-즈니 поздний
다른	드루고-이 другой
다르다	드루고이 другой
다리	나가- нога
다리	모-스뜨 мост
다리미	우쭉- утюг

한국어	노어
닦다	믜-찌 мыть
단순한	쁘라스또-이 простой
단추	뿌-거뷔쩌 пуговица
닫다	자끄릐-찌 закрыть
달걀	이쪼- яйцо
달콤한	슬라-드끼 сладкий
닭고기	꾸-리짜 курица
담배	따박- табак
대단히	오-친 очень
대답하다	아뜨베-찌찌 ответить
대사관	빠쏠-스뜨바 посольство
대접	우거쒜-니예 угощение
대학	우니베르시쩨-뜨 университет
더러운	그랴-즈늬 грязный
더운	좌-르끼 жаркий
던지다	끼-누찌 кинуть
도기	파르포-르 фарфор
도둑	보-르 вор
도서관	비블리어쩨-까 библиотека
도움되다	빨례-즈너 полезно

한국어	노어
도착하다	쁘리예-하찌 приехать
독서	츠쩨-니예 чтение
독신의	아지노끼 одинокий
독특한	아쏘벤늬 особенный
돈	젠-기 деньги
돌아가다	베르누-쨔 вернуться
돕다	빠모-치 помочь
동물	쥐보-뜨너에 животное
동전	마녜-따 монета
동쪽	바스똑- восток
돼지고기	스뷔니-나 свинина
두꺼운	똘-스띄 толстый
두다	빨라쥐-찌 положить
두통	갈라브나-야 볼- головная боль
둥근	끄루-글리 круглый
드레스	쁠라-찌예 платье
들어가다	바이찌- войти
등	스삐나- спина
등산	알삐니-즘 альпинизм
디스코	지스까쪠까 дискотека

한국어	노어
디자인	디자인 дизайн
디저트	지쎄-르뜨 десерт
따뜻한	죠-쁠리 тёплый
땅	지믈랴- земля
때때로	이나그다- иногда
떨어뜨리다	스끼-누찌 скинуть
라디오	라-지오 радио
라이터	자쥐갈까 зажигалка
램프	람-빠 лампа
로비	파이예- фойе
루즈	구브나-야 빠마-더 губная помада
루트	마르슈루-뜨 маршрут
마루	뽈 пол
마시다	삐-찌 пить
마약	나르꼬-찍 наркотик
마요네즈	마요녜-스 майонез
만나다	프스뜨례-찌쨔 встретиться
만들다	싸스따-뷔찌 составить
만족하다	다볼-스뜨버바쨔 довольствоваться
만지다	뜨로-누찌 тронуть

한국어	노어		한국어	노어
많은	므노-기 МНОГИЙ		모습	피구-라 фигура
말하다	스까-자찌 сказать		모양	오-브라스 образ
맛	프꾸-스 вкус		모으다	싸브라-찌 собрать
맛있는	프꾸-스늬 вкусный		모자	쉴랴빠 шляпа
맞다	쁘라빌나 правильно		모텔	마쩰- мотель
매니큐어	마니뀨-르 маникюр		모포	아지얄-러 одеяло
맥박	뿔-스 пульс		모피	예흐 мех
맥주	삐바 пиво		목	쉐-야 шея
머리	갈라바 голова		목구멍	고-를러 горло
머리카락	볼-러씌 волосы		목격자	스뷔졔-쩰 свидетель
머플러	샤-르프 шарф		목적지	메스떠 나즈나쳬니야 место назначения
먹다	예-스찌 есть		몸	쩰-러 тело
멀다	달료-꺼 далёко		묘지	끌라-드비쉐 кладбище
멋진	이쟈-쉬늬 изящный		무거운	찌죨-릐 тяжёлый
메뉴	미뉴- меню		무게	볘스 вес
메시지	삐리다-처 передача		무대	스쪠나 сцена
면도하다	브리-찌 брить		무릎	깔례-너 колено
면세의	비스뽀-슐린늬 беспошлинный		무엇	쉬또- что
명료한	야-스늬 ясный		문	드볘-리 дверь
모든	프쌰-끼 всякий		문명	찌빌리자-찌야 цивилизация

한국어	노어
문제	쁘라블레마 проблема
문화	꿀뚜라 культура
묻다	스쁘로-씨찌 спросить
물	바다- вода
물품	베쉬 вещь
뮤지컬	무직깔-나야 드라-마 музыкальная драма
미국	에스쉐아 США
미술관	갈례례야 галерея
미용실	빠리크마-히르스까야 парикмахерская
민예품	뜨라지찌온-닉예 후도줴스뜨벤닉예 이즈젤-리야 традиционные художественные изделия
밀다	븨-딸끄누찌 вытолкнуть
바다	모-례 море
바닥	뽈 пол
바람	베쩨르 ветер
바쁘다	자냐따 занято
바지	브류-끼 брюки
박물관	무제-이 музей
반	빨라비나 половина
반대편의	아빠지찌온-늬 оппозиционный

한국어	노어
반드시	아비자-쩰너 обязательно
반복하다	빠프따리-찌 повторить
반지	깔쪼- кольцо
반환하다	봐즈브라찌-찌 возвратить
받다	빨루치-찌 получить
발	나가- нога
발레	발렛- балет
발코니	발꼰- балкон
발행하다	이즈다-찌 издать
밝다	스볘-뜰러 светло
밤	노-치 ночь
방	꼼-나따 комната
방문하다	잇찌- 브고스찌- идти в гости
방해하다	빠미 샤-찌 помешать
방향	나쁘라블례-니예 направление
배	까라-블 корабль
배구	발례이볼 волейбол
배달	다스따-프까 доставка
배드민턴	바드민똔- бадминтон
백화점	우니베르막- универмаг

한국어	노어
버스	아프또-부스 автобус
버터	마슬로 масло
번호	노-메르 номер
번화가	아쥐블론-나야 울-리짜 оживлённая улица
벌레	체-르피 червь
벗다	라졔쨔 раздеться
베개	빠두쉬까 подушка
베이컨	비꼰- бекон
벤치	스까몌-이까 скамейка
벨트	뽀-야스 пояс
벽	스찌나- стена
변비	자뽀-르 запор
별	즈뷔즈다- звезда
병	부뗄까 бутылка
병원	발니짜 больница
병이 든	발노-이 больной
보기 흉한	비저브라-즈늬 безобразный
보내다	빠슬라-찌 послать
보다	스마뜨례-찌 смотреть
보도	싸압쉐-니예 сообщение

한국어	노어
보석	드라가쩬녀스찌 драгоценность
보여주다	빠까자-찌 показать
보증하다	가란찌-러바찌 гарантировать
보통의	아븨-츠늬 обычный
보험	스뜨라허바니예 страхование
보호	자쉬따 защита
복잡한	슬로-쥬늬 сложный
볼펜	루-츠까 ручка
봄	뷔스나- весна
봉투	깐볘-르뜨 конверт
부끄러운	스띄-드늬 стыдный
부드러운	녜-쥬늬 нежный
부르다	즈바-찌 звать
부모	라지-쩰리 родители
부인	줸쉬나 женщина
부유한	바가-띄 богатый
부츠	싸빠기- сапоги
북극	쎼-볘르늬 뽈-류스 северный полюс
북쪽	쎼볘르 север
분수	판딴- фонтан

한국어	노어		한국어	노어
분실물취급소	뷰로- 나호-덕 бюро находок		빌리다	브쟈-찌 브자이미- взять взаймы
분위기	앗마스페-러 атмосфера		빗	그례-빈 гребень
분홍색	로-저븨 розовый		빠른	븨-스뜨릐 быстрый
불다	두-찌 дуть		빨강	끄라-스늬 красный
불편한	니우도-브늬 неудобный		빨리	븨-스뜨러 быстро
붕대	빈뜨 бинт		빵	홀롑- хлеб
브래지어	뷰스트갈-찌르 бюстгальтер		빵집	불-러츠나야 булочная
브랜디	브렌-디 бренди		사건	슬루-차이 случай
브레이크	또-르머스 тормоз		사고	베드스뜨비예 бедствие
브로치	브로쉬까 брошка		사과	야-블러꺼 яблоко
블라우스	블루-스까 блузка		사과하다	이즈비니짜 извиниться
비누	밀-러 мыло		사다	꾸삐-찌 купить
비상구	븨-홋 выход		사무소	뷰로- бюро
비슷한	빠도-브늬 подобный		사용하다	우빠뜨레비-찌 употребить
비싼	다라기- дорогий		사진	포또 фото
비용	라스호-듸 расходы		산	가라- гора
비자	비자 виза		살다	쥐-찌 жить
비행기	싸말룟- самолёт		상세	빠드로-브너스찌 подробность
빈(속이)	뿌스또-이 пустой		상아	끌릭- 슬라나- клык слона
빌다	다-찌 브자이미- дать взаймы		상의	볘-르흐네에 쁠라-찌에 верхнее платье

한국어	노어	한국어	노어
상인	쁘라다볘-쯔 продавец	서비스	쎄-르비스 сервис
상점	마가진- магазин	서울	스딸리짜 столица
상처	뜨라-브마 травма	선금	아반-스 аванс
상	쁘례-미야 премия	선명한	야-스늬 ясный
새	쁘찌-짜 птица	선물	빠다록- подарок
새로운	노-븨 новый	선반	뿔까 полка
새우	끄리볘-뜨까 креветка	선택하다	븨-브라찌 выбрать
색깔	쯔볫- цвет	설명	압야스녜-니예 объяснение
샌드위치	싼-드비치 сандвич	설사	빠노-스 понос
샐러드	쌀-랏 салат	설사약	리까-르스뜨보 앗 빠노싸 лекарство от поноса
생략하다	두-마찌 думать	설탕	싸-하르 сахар
생기다	바즈니-끄누찌 возникнуть	성(城)	자목 замок
생략하다	이스끌류치-찌 исключить	성공	우스뻬-호 успех
생일	젠 라쥐졔-니야 день рождения	성냥	스삐-츠까 спичка
생활	쥐-즌 жизнь	성별	뿔 пол
샤워	두-쉬 душ	성인	브즈로-슬릐 взрослый
샴페인	샴빤-스꼬예 шампанское	세계	미-르 мир
샴푸	샴푼- шампунь	세관	따모-쥐냐 таможня
서다	스따야-찌 стоять	세우다	빠스따-비찌 поставить
서명	쁘-드삐시 подпись	세탁	스찌-르까 стирка

한국어	노어	한국어	노어
셀프서비스	싸마압슬루-쥐바니예 самообслуживание	솔	쑈뜨까 щётка
셔츠	루바-쉬까 рубашка	쇠고기	가뱌-지나 говядина
셔터	좔류지 жалюзи	쇼	쓰삐따-끌 спектакль
소	까로-바 корова	쇼핑	빠꿉-끼 покупки
소개	쁘릿스따블레-니예 представление	쇼핑 백	빠꼣- пакет
소금	쏠- соль	수(數)	치슬로- число
소매	루깝- рукав	수리	리몬-뜨 ремонт
소매치기	보르 вор	수면제	스나뜨보르너예 снотворное
소방서	빠좌-르너에 데뽀- пожарное депо	수수료	까미씨온늬예 комиссионые
소스	쏘-우쓰 соус	수수한	나이-브늬 наивный
소시지	깔바싸- колбаса	수염	우씌/바라다- усы/борода
소파	지반 диван	수영	쁠라바니예 плавание
소포	빠씰까 посылка	수영복	꾸빨닉 купальник
속달	스로-치너에 삐씨모- срочное письмо	수영장	바쎄-인 бассейн
속담	빠가보-르까 поговорка	수예품	꾸스따-르늬에 이즈젤-리야 кустарные изделия
손	루까- рука	수족관	아끄바리움 аквариум
손가락	빨-리쯔 палец	수표	체-끄 чек
손님	고스찌- гости	수프	쑵 суп
손목	자빠-스찌에 запястье	수화물	바가-쉬 багаж
손바닥	라돈- ладонь	숙고하다	자두-마찌 задумать

한국어	노어	한국어	노어
슈트케이스	치마단- чемодан	시	고-럿 город
슈퍼마켓	쑤뻬르마껫 супермакет	시라표	라스삐싸-니예 расписание
스낵바	부펫- буфет	시란	브레-먀 время
스웨터	스비쩨르 свитер	시계	치씨- часы
스위치	프끌류차-쩰 включатель	시끄러운	슘-늬 шумный
스카프	샤-르프 шарф	시원한	쁘라홀라-드늬 прохладный
스캔들	스깐달- скандал	시장	릐낙 рынок
스커트	유-브꺼 юбка	시차	라-즈니짜 보 브레-메니 разница во времени
스케이트	깐끼- коньки	시청	메-리야 мэрия
스키	릐-쥐 лыжи	식기	빠쑤-다 посуда
스타디움	스따지온- стадион	식당	리스따란- ресторан
스타킹	출끼- чулки	식료품	쁘라다볼-스뜨비예 продовольствие
스테이크	비프슈떽스 бифштекс	식료품점	가스뜨러놈- гастроном
스튜어디스	스뜌아르데-싸 стюардесса	식물원	바따니-체스끼 쌋- ботанический сад
스튜어드	스뜌아-르드 стюард	식사	예다- еда
스파게티	스빠게띠 спагетти	식중독	아뜨라블레니예 отравление
스푼	로-쉬까 ложка	신고	제끌라라-찌야 декларация
슬픈	그루-스늬 грустный	신맛의	끼-슬릐 кислый
승객	빠싸쥐-르 пассажир	신문	가졔따 газета
승마	베르호바야 예즈다 верховая езда	신분증명서	빠-스뽀르뜨 паспорт

한국어	노어
신청	자쁘로-스 запрос
신호등	스비떠포-르 светофор
실수	아쉽까 ошибка
실제	제이스뜨비쩰너스찌 действительность
실크	숄끄 шёлк
심장	쎄-르쩨 сердце
심한	씨리요즈늬 серьезный
싸다	죠-쉐버 дёшево
싼값의	지쇼-븨 дешёвый
쌀	리-스 рис
쓰다	삐-싸찌 писать
쓰레기통	무-쏘르늬 야-쒹 мусорный ящик
쓴	고-리끼 горький
씻다	믜-찌 мыть
아는 사람	즈나꼬-믜 знакомый
아마	나볘-르나 наверно
아버지	아쩨-쯔 отец
아스피린	아스삐린- аспирин
아이스크림	마로-줴너에 мороженое
아침식사	자-프뜨락 завтрак

한국어	노어
아프다	발례-찌 болеть
악수하다	빠좌-찌 드룩 드루-구 루-끼 пожать друг другу руки
안경	아치끼- очки
안내	인포르마찌야 информация
안약	글라-즈나야 쁘리모치까 глазная примочка
안전	비자빠-스너스찌 безопасность
앉다	씨-제찌 сидеть
알다	즈나-찌 знать
알레르기	알리르기야 аллергия
알리다	싸압쉬-찌 сообщить
암	락- рак
악세사리	악씨쑤아-르 аксессуар
야구	베이스볼- бейсбол
야채	오버쉬 овощи
약	리까-르스뜨바 лекарство
약국	압쩨까 аптека
약속	아비샤-니예 обещание
약한	슬라-븨 слабый
얇다	똔-꺼 тонко
양(量)	깔리-체스뜨바 количество

한국어	노어
양말	나스끼- / **носки**
양복	아제쥐다 / **одежда**
양복점	마가진- 아제쥐드 / **магазин одежды**
양상치	쌀랏- / **салат**
양파	룩 / **лук**
어깨	쁠리초- / **плечо**
어두운	쫌-늬 / **тёмный**
어려운	뜨루-드늬 / **трудный**
어린이	리뵤-넉 / **ребёнок**
어머니	마-찌 / **мать**
어울리다	잇찌- / **идти**
언어	이즥- / **язык**
얼굴	리쪼- / **лицо**
얼다	리지녜-찌 / **леденеть**
얼마	스꼴-꺼 / **сколько**
얼음	룻 / **лёд**
에스컬레이터	에스깔라-떠르 / **эскалатор**
엘리베이터	리프뜨 / **лифт**
여관	가스찌니짜 / **гостиница**
여권	빠-스뽀르뜨 / **паспорт**

한국어	노어
여성(의)	쥔-스끼 / **женский**
여행	뚜리-즘 / **туризм**
여행사	뷰로- 뿌찌쉐-스뜨비 / **бюро путешествий**
여행자	뚜리-스뜨 / **турист**
여행자 수표	뚜릿-스끼 / **туристский**
여행하다	뿌찌쉐스뜨보바찌 / **путешествовать**
역	바그잘- / **вокзал**
역사적인	이스따리-체스끼 / **исторический**
연극	스뻭따-끌 / **спектакль**
연기하다	이스뽈-니찌 / **исполнить**
연락	싸아브쉐니예 / **сообщение**
연장하다	쁘라돌-쥐찌 / **продолжить**
열	찜뻬라뚜-라 / **температура**
열다	앗끄리-찌 / **открыть**
열쇠	끌류-치 / **ключ**
엷은(색이)	스베-뜰릐 / **светлый**
염증	바스빨례-니예 / **воспаление**
엽서	앗끄릐-뜨까 / **открытка**
영사관	꼰-술스뜨바 / **консульство**
영수증	끄비딴-찌야 / **квитанция**

한국어	노어
영향	블리야-니예 влияние
영화	필-름 фильм
영화관	끼노쩨아-뜨르 кинотеатр
옆	복 бок
예쁜	끄라씨-비 красивый
예술	이스꾸-스뜨부 искусство
예약	아바니몐-뜨 абонемент
예정	쁘리드나즈나쳬-니예 предназначение
오래된	스따-리 старый
오렌지	아뻴씬- апельсин
오르다	브자이찌- взойти
오른쪽의	쁘라-비 правый
오버코트	빨또- пальто
오페라	오-뻬라 опера
온천	가랴치예 이스또츠니끼 горячие источники
올리다	빠드냐찌 поднять
옷	쁠라-찌예 платье
외국인	이너스뜨라네쯔 иностранец
외부	브녜-슈너스찌 внешность
외화	발류따 валюта

한국어	노어
왼쪽의	레-븨 левый
요금	따리-프 тариф
요리	블류다 блюдо
요리사	뽀바르 повар
요트	야-흐따 яхта
욕실	반-나야 ванная
욕조	반나 ванна
우체국	뽀치따 почта
우편	뽀치따 почта
우표	빠치또바야 마-르까 почтовая марка
운동	스뽀-르뜨 спорт
운전면허증	샤표-르스꺼에 스뷔졔-쩰스뜨바 шофёрское свидетельство
원하다	하쩨찌 хотеть
웨이터	아피찌안-뜨 официант
웨이츄레스	아피찌안-뜨까 официантка
위(胃)	쥘루-덕 желудок
위대한	볠-리끼 великий
위스키	비스끼 виски
위장약	리까르스뜨버 들랴 쥘루-드꺼 лекарство для желудка
위험	아빠-스너스찌 опасность

한국어	노어	한국어	노어
유람	엑스꾸-르씨야 экскурсия	이쑤시개	주바치-스뜨까 зубочистка
유리컵	스따깐- стакан	2인실	드부흐몌-스늬 노몌르 двухместный номер
유명한	이즈볘-스늬 известный	이해하다	빠냐-찌 понять
유원지	빠르끄 꿀뚜릐 이 옷듸하 парк культуры и отдыха	인공의	이스꾸-스뜨볜늬 искусственный
유적	빠먀-뜨닉 памятник	인상	프삐차뜰례니예 впечатление
은	씨리브로- серебро	인형	꾸-끌라 кукла
은행	반까 банк	일	라보따 работа
은행원	싸뜨루-드닉 반까 сотрудник банка	일방통행	아드너스따론녜예 드비줴니예 одностороннее движение
음료	나삐-떡 напиток	일어나다	프스따-찌 встать
음악	무-즤까 музыка	일용품	따바르 빠뜨리블례니야 товар потребления
응급처치	스로-츠나야 뽀-머쒸 срочная помощь	1인실	아드나몌-스늬 노몌르 одноместный номер
의미하다	즈나-치찌 значить	일출	바스홋- 쏜짜 восход солнца
의사	브라-취 врач	읽다	치따-찌 читать
의자	스뚤- стул	입	롯- рот
이기다	븨-이그라찌 выиграть	입구	브홋- вход
이동하다	삐리드비누쨔 передвинуться	입국	브홋- вход
이름	이먀- имя	입다	아젯쨔 одеться
이발	스뜨리-쉬까 стрижка	입장	브홋- вход
이발소	무쉬스까야 빠릭마-히르스꺼야 мужская парикмахерская	자동차	아프따마빌- автомобиль
이빨	주븨- зубы	자동판매기	아프따마-뜨 автомат

한국어	노어	한국어	노어
자르다	아브레-저찌 обрезать	전시	엑스빠지-찌야 экспозиция
자전거	빌러씨뻬-뜨 велосипед	전지	바따레-야 батарея
자주	차-스떠 часто	전화	찔리폰- телефон
작은	말-린끼 маленький	전화번호부	찔리폰-나야 끄니-가 телефонная книга
잔돈	멜-러치 мелочь	절약	에까노-미야 экономия
잠옷	삐쟈-마 пижама	젊은	말라도-이 молодой
잠자다	스빠-지 спать	점원	쁘라다볘-쯔 продавец
잡다	흐바찌-찌 хватить	접시	따롈-까 тарелка
잡지	쥬르닐- журнал	정류장	아스따노-프까 остановка
장갑	삐르차-뜨끼 перчатки	정말로	제이스뜨비-쩰너 действительно
장난감	이그루-슈까 игрушка	정보	인퍼르마-찌야 информация
장소	몌스떠 место	정상	비르쉬-나 вершина
재난	까따스뜨로-파 катастрофа	정식	꼼쁠렉스늬 아볫 комплексный обед
재떨이	뻬-뻴니짜 пепельница	정원	쌋- сад
재발행	빠프또-르너예 이즈다-니예 повторное издание	정육점	미스나-야 мясная
재즈	쟈-즈 джаз	정직한	체-스늬 честный
잼	바례-니예 варенье	정찬	아볫- обед
쟁반	쁠라또- плато	정확히	또-치너 точно
저녁식사	우쥔- ужин	젖은	모-끄릐 мокрый
적당한	고-드늬 годный	제안	쁘리들라줴-니예 предложение

한국어	노어	한국어	노어
제외하다	이스끌류치-찌 ИСКЛЮЧИТЬ	주소	아드리스 адрес
제한	리미-뜨 ЛИМИТ	쥬스	쏙 сок
조각	스꿀쁘뚜-라 скульптура	주차	스따얀-까 стоянка
조금	말-러 мало	준비	빠드가또-프까 подготовка
조끼	쥘례-뜨 жилет	중국	끼따-이 Китай
조미료	프꾸싸븨-에 뷔쉐스뜨바- вкусовые вещества	중세의	미지알-늬 медиальный
조심	베-리쥬너스찌 бережность	중요한	글라-브늬 главный
조용한	찌-히 тихий	즐기다	뷔쎌리-쩌 веселиться
조이다	쩨스니-찌 теснить	증명서	씨르찌피까-뜨 сертификат
조정	아르비뜨라-슈 арбитраж	증상	씸프똠- симптом
좁은	우-스끼 узкий	지갑	빠르뜨마녜- портмоне
종류	쏘-르뜨 сорт	지구	지믈라- земля
종이접시	부마-쥬나야 따렐-까 бумажная тарелка	지도	까-르따 карта
종이컵	부마-쥬늬 스따깐- бумажный стакан	지름길	까롯까야 다로-가 короткая дорога
좋은	도-브릐 добрый	지방의	몌-스늬 местный
좌석	몌-스떠 место	지배인	지롁-떠르 директор
주(週)	니젤-랴 неделя	지불하다	쁠라찌-찌 платить
주다	다-찌 дать	지식	즈나-니예 знание
주류(酒類)	알까골- сишртнце иаицтщц	지역	라이온- район
주문	자까-스 заказ	지위	스따-뚜스 статус

한국어	노어
지진	짐을랴뜨랴셰니예 **землятрясение**
지폐	부마-쥬늬에 젠-기 **бумажные деньги**
지하	빠드지멜-리에 **подземелье**
직업	쁘라페-씨야 **профессия**
진실	이-스찌나 **истина**
진열	븨-스따프까 **выставка**
진주	쥄-축 **жемчуг**
진찰	아스모-뜨르 **осмотр**
진통제	발리우딸랴-유쉐에 스롓-스뜨보 **болеутоляющее средство**
질(質)	까-체스뜨보 **качество**
질문	바쁘로-스 **вопрос**
집	돔 **дом**
짙은	쫌-늬 **тёмный**
짧은	까로-뜨끼 **короткий**
차장	깐둑-떠르 **кондуктор**
찬성하다	아도-브리찌 **одобрить**
창문	아끄노- **окно**
찾다	나이찌- **найти**
책	끄늬-가 **книга**
천천히	메-들렌너 **медленно**

한국어	노어
철도	뽀예즈드 **поезд**
청결한	치스띄 **чистый**
청구서	뜨레-보바니예 **требование**
청구하다	뜨레-보바찌 **требовать**
청량음료	할럳-늬에 나삐-뜨끼 **холодные напитки**
청소	치-스뜨까 **чистка**
초대	쁘리글라쉐-니예 **приглашение**
초콜렛	쇼꼴랏- **шоколад**
최근	니다-브너 **недавно**
최대의	막씨말-늬 **максимальный**
최소의	미니말-늬 **минимальный**
최후의	까녜-치늬 **конечный**
추가의	다빨니-쩰늬 **дополнительный**
추억	빠-먀찌 **память**
추운	할로-드늬 **холодный**
축제	페스찌발- **фестиваль**
축하하다	빠즈드라비-찌 **поздравить**
출구	븨-에즈드 **выезд**
출국카드	까-르떠치까 븨-에즈다 **карточка выезда**
출발	븰-렛 **вылет**

한국어	노어	한국어	노어
출입국관리	깐뜨롤- 이미그라-쩨이 이 에미그라-쩨이 контроль иммиграции и эмиграции	케첩	켓춥 кетчуп
춤	따녜-쯔 танец	코	노-스 нос
충분한	다볼-늬 довольный	코냑	까니약- коньяк
취미	호-비 хобби	코트	빨또- пальто
취소	안눌랴-쩨야 аннуляция	콘서트	깐쩨-르뜨 концерт
치료하다	리치-찌 лечить	콩쿨	꼰-꾸르스 конкурс
치즈	씨-르 сыр	쾌적한	우유-뜨늬 уютный
치통	주브나야 볼- зубная боль	크기	라즈몌-르 размер
친절	다브라따- доброта	크레디트카드	끄리지-뜨나야 까-르떠츠까 кредитная карточка
침대	빠스쩰- постель	크림	슬리-프끼 сливки
칫솔	주브나-야 쇼-뜨까 зубная щётка	큰	발쇼-이 большой
카드	까-르따 карта	큰(키가)	븨쏘-끼 высокий
카메라	퍼떠아빠랏- фотоаппрат	큰소리로	보 볘-스 골-러스 во весь голос
카바레	까바례- кабаре	클럽	끌룹- клуб
카지노	까지노- казино	타다	까땃-쨔 кататься
커피	꼬-페 кофе	타월	빨라쩬-쩨 полотенце
컵	스따깐- стакан	탁구	나스똘-늬 떼-니스 настольный теннис
케이블 카	푸니끌료-르 фуникулёр	탑	바-쉬냐 башня
		탑승	빠싸-뜨까 посадка
케이크	삐로-쥬너에 пирижное	탑승권	빠싸도-츠늬 빌롓- посадочный билет

한국어	노어
택시	딱씨 такси
테니스	떼니스 теннис
텐트	빨라뜨까 палатка
텔레비젼	찔리비저르 телевизор
토마토	빠미도르 помидор
토스트	또스뜨 тост
토하다	비르바찌 вырвать
통과	쁘라예즈드 проезд
통로	쁘리에즈드 проезд
통화	발류따 валюта
특별한	아쏘븨 особый
튼튼한	즈다로븨 здоровый
티 - 셔츠	푸드볼까 футболка
티켓	빌렛 билет
팁	젱기 나 차이 деньги на чай
파란	씨니 синий
파이	슬라뜨끼 삐록 сладкий пирог
파티	베치르 вечер
판매	쁘라다좌 продажа
판자	다스까 доска

한국어	노어
팔다	쁘라다찌 продать
팔찌	브라슬렛 браслет
패션	모다 мода
팸플릿	빰플렛 памфлет
퍼레이드	빠랏 парад
퍼머	자비프까 завивка
편견	쁘리드라쑤덕 предрассудок
편리한	우도브늬 удобный
포도주	비노 вино
포장하다	우빠꺼바찌 упаковать
포크	빌까 вилка
포터	나씰쒁 носильщик
포함	프끌류체니예 включение
표현하다	븨라지찌 выразить
품목	아써르찌몐뜨 ассортимент
프론트	아드미니스뜨라찌야 администрация
프로그래머	쁘라그람미스뜨 программист
프로그램	쁘라그람마 программа
피	끄로피 кровь
피로	우스딸러스찌 усталость

한국어	노어
피로하다	우스따찌 устать
피부과	꼬쥬늬 앗젤- кожный отдел
피자	삐짜 питца
피하다	이즈비좌쨔 избежать
피하다	추쥬다쨔 чуждаться
필름	쁠룐까 плёнка
필요로 하다	누쥬다쨔 нуждаться
하다	젤라찌 делать
하얀	벨릐 белый
한가운데	빠스레지 посреди
한가한	스바보드늬 свободный
할인	스끼드까 скидка
항공우편	아뷔아뽀치따 авиапочта
항구	뽀르뜨 порт
해(年)	곳 год
해안	쁠랴슈 пляж
해열제	안티페브린- антифебрин
햄	빗취나 ветчина
행운의	쉬슬리븨 счастливый
향수	두히 духи

한국어	노어
허가	라즈리쉐니예 разрешение
헤엄치다	쁠라봐찌 плавать
헤어스타일	쁘리쵸스까 причёска
현금	날리츠늬에 젱기 наличные деньги
현기증	갈라바꼬루줴니예 головокружение
현지의	라깔늬 локальный
혈압	끄라븨노에 다블레니예 кровяное давление
호텔	오뗄 отель
홍차	쵸르늬 차이 чёрный чай
화난	아비줸늬 обиженный
화려한	빌리깔례쁘늬 великолепный
화산	불깐 вулкан
화상	아족 ожог
화장실	뚜알렛 туалет
화장품	빠르퓨메리야 парфюмерия
화재	빠좌르 пожар
확인	우뜨볘르쥬제니예 утверждение
환율	발류뜨늬 꾸르스 валютный курс
환전소	아브몐 빌류띄 обмен валюты
회복	븨즈다러블레니예 выздоровление

한국어	노어	한국어	노어
회사	피르마 фирма	휴대품보관소	까메라 흐라녜니야 камера хранения
회상하다	프스뽐니지 вспомнить	휴식	옷띄흐 отдых
회색의	쎼릐 серый	휴양지	돔 옷띄하 дом отдыха
회의	깐뻬롄찌야 конференция	휴일	븨하드노이 выходной
회화	라즈가보르 разговор	휴지	뚜알롓뜨늬 부마가 туалетная бумага
후추	뻬레쯔 перец	흐림	빠스무르늬 пасмурный
훈련	뜨레니로프까 тренировка	흡연하다	꾸리찌 курить
훌륭한	자미차쩰르늬 замечательный	흥미깊은	인쩨례스늬 интересный
휴가	옷뿌스끄 отпуск	희극	까몌지야 комедия
휴게실	꼼나따 옷띄하 комната отдыха	희망	나졔쥐다 надежда

여행자 메모

성(Family name) : 이름 (Fore name) :	생년월일(Date of Birth) • 일(Day) 월(Mon.) 년(Yr.) / /
국적(Nationality) : KOREA	직업(Occupation) :

나이(Age) :	성별(Sex) ☐ Male(남) ☐ Female(여)	혈액형(Blood Type)

긴급연락처(Contact address in an emergency)
- 현지연락처(Domestic)　　　　　• 국내연락처(Korea)
  Hotel ☎ :　　　　　　　　　　　☎ :
- ☎ :

현주소(Home Address)

☎ :

여권번호(Passport No.) :

비자번호(Visa No.) :　　　　　　　　　　☎ :

항공권번호(Air Ticket No.) :　　　　　　☎ :

신용카드번호(C/D) :　　　　　　　　　　☎ :

여행자수표번호(T/C) :　　　　　　　　　☎ :

해외여행보험번호(T/A No.) :

현지 여행사 연락처
- 날짜 :　　　　　　　　　• 시간 :
- 담당자 이름 :

Enjoy 여행회화 시리즈

현지인과 한방에 딱 통한다

해외여행의 필수품
새로운 감각의 올칼라 여행회화서

☞ 해외 여행시 꼭 필요한 핵심문장을 수록!
☞ 장면별 필수단어 바로바로 확인!
☞ 주머니에 쏙~ 들어가는 초간편 포켓 사이즈!

외국어 출판을 선도하는 (주)동인랑   서울시 동대문구 회기동 60-110 / 전화 : (02) 967-0700 / 팩스 : (02) 967-1555

장시형

고려대학교 문과대학 노어노문학과 졸업
고려대학교 대학원 노어노문학과

이 엘레나

타쉬켄트 국립 사범대 노어노문학과 졸업
고려대학교 대학원 노어노문학과

파트너 여행 러시아어

발행일 2002년 11월 1일
저자 장시형 · 이엘레나
발행인 인찬호 / 발행처 (주)동인랑
표지 색연필
인쇄 (주)백산인쇄
일본판매 삼중당(東京)
미국판매 샘터문고(LA)

130-050
서울시 동대문구 회기동 60-110
대표전화 02-967-0700
팩시밀리 02-967-1555
등록 제 6-0406호

ⓒ2002, Donginrang Co., Ltd.
ISBN 89-7582-402-0

인터넷의 세계로 오세요

http://www.donginrang.co.kr
E-mail : webmaster@donginrang.co.kr

(주)동인랑에서는 참신한 외국어 원고를 모집합니다. · · · · · · · · · · · · · · · ·